Hugo Schiller

Der Infinitiv bei Chrestien

Hugo Schiller

Der Infinitiv bei Chrestien

ISBN/EAN: 9783743337589

Hergestellt in Europa, USA, Kanada, Australien, Japan

Cover: Foto ©ninafisch / pixelio.de

Manufactured and distributed by brebook publishing software (www.brebook.com)

Hugo Schiller

Der Infinitiv bei Chrestien

Der Infinitiv bei Chrestien.

Abhandlung

von

Dr. phil. Hugo Schiller.

Oppeln.
Eugen Franck's Buchhandlung
(Georg Maske).
1888.

Inhalt.

	Seite
Vorwort	1
Allgemeiner Charakter des romanischen Infinitivs	4

Der Infinitiv bei Chrestien.

CAP. I.
Der Infinitiv mit dem Artikel 5

CAP. II.
Der Infinitiv ohne Präposition 14

1. Der reine Infinitiv entspricht einem Nominativ. Als solcher steht er
   a) als logisches Subject 14
   b) als prädicative Bestimmung 17
2. Der reine Infinitiv entspricht einem Accusativ.
   a) Die Hülfsverben des Modus 17
   b) Die Verben der Willensäusserung 18
   c) Die Verben des Veranlassens und des Zulassens 20
   d) Verba Sentiendi 22
   e) Verba Cogitandi 22
   f) Verba Declarandi 23
3. Der reine Infinitiv nach den Verben der Bewegung 23
4. Elliptisch steht der reine Infinitiv in Form der Frage und des Ausrufes, in indirecten Fragen nach savoir und relativen Sätzen nach avoir 24
5. Der Infinitiv statt des Imperativs 25

CAP. III.
Der Infinitiv mit Präpositionen.

Die Anwendung von zwei Präpositionen vor dem Infinitiv 27

Seite

A. Der Infinitiv mit De 28

1. Der Infinitiv mit de steht als logisches Subject bei
    a) estre mit einem Substantiv................. 28
    b) estre mit einem Adverb.................. 29
    c) unpersönlichen Verben.................... 30
2. Der Infinitiv mit de steht als unmittelbares Object nach transitiven Verben 30
3. Der Infinitiv mit de steht im Verhältniss eines Genitivs nach
    a) Substantiven...................... 31
    b) Adjectiven 33
    c) Verben:
        α) transitiven................... 35
        β) intransitiven, besonders reflexiven 36
4. Der Infinitiv mit de steht als Vertreter eines Causal- oder Temporalsatzes...................... 41

B. Der Infinitiv mit A............. 42

1. Der Infinitiv mit à erscheint als logisches Subject bei
    a) estre mit einem Substantiv................. 42
    b) estre mit einem Adjectiv.................. 42
    c) unpersönlichen Verben.................... 42
2. Der Infinitiv mit à entspricht einem Accusativ.
    a) Solche Verben, nach welchen zum grössten Theil auch der reine Infinitiv steht und wo die Präposition à sich als meist bedeutungsloses Element anfügt................ 44
        α) Hülfsverben des Modus................. 44
        β) Die Verben der Willensäusserung 44
        γ) Die Verben des Veranlassens und des Zulassens ... 45
        δ) Verba Sentiendi................ 46
        ε) Verba Declarandi................... 46
    b) Verben, von welchen die meisten in der Anwendung dieses Infinitivs mit dem neufranzösischen Gebrauche übereinstimmen: avoir, donner etc. 46
3. Der Infinitiv mit à nimmt im Allgemeinen das Gebiet des Dativs ein und vertritt zugleich auch das lat. Gerundium mit ad und Supinum auf u. 48
    a) Der Infinitiv mit à nach Verben mit dem Begriffe der Bestimmung und des Zweckes................. 48
    b) Der Infinitiv mit à nach Verben, wo er die Thätigkeit gleichsam als Gegenstand bezeichnet, bei welchem verweilt wird . 50
    c) Der Infinitiv mit à nach Verben der Bewegung 50

   Seite

d) Der Infinitiv mit à als prädicative Bestimmung
   α) nach estre 51
   β) nach faire 51
   γ) nach remanoir. 52
e) Der Infinitiv mit à nach Hauptwörtern als attributive Bestimmung 52
f) Der Infinitiv mit à nach Adjectiven 54
g) Der Infinitiv mit à drückt ein temporales Verhältniss aus. . 54

C. Der Infinitiv mit Por 56

1. Der Infinitiv mit por zum Ausdruck des Zweckes 56
   a) nach Verben 56
   b) nach Substantiven 60
   c) nach Adjectiven und Participien 60
2. Der Infinitiv mit por steht als Vertreter eines Causalsatzes . . . 61
3. Der Infinitiv mit por dient zur Verkürzung eines Concessivsatzes 61

D. Der Infinitiv mit En 62

1. Nach Verben 62
2. Nach Substantiven 62
3. Drückt ein temporales Verhältniss aus 62

E. Der Infinitiv mit Après 63

F. Der Infinitiv mit Par 63

G. Der Infinitiv mit Sans 64

Wortregister 65

Vorwort.

In der folgenden Arbeit habe ich unternommen, den Gebrauch des Infinitivs bei Chrestien zu behandeln, einem Dichter, dessen Werke für die altfranzösische Grammatik von anerkannter Bedeutung und bekanntlich schon zum Gegenstand eingehenderer Untersuchungen gemacht worden sind.

Der Gebrauch des französischen Infinitivs ist schon mehrfach behandelt worden:

Leander. *Observations sur l'infinitif dans Rabelais. Lund,* 1871.

Wulff. *L'emploi de l'infinitif dans les plus anciens textes français. Lund,* 1875.

Lachmund. Ueber den Gebrauch des reinen und präpositionalen Infinitivs im Altfranzösischen. Rostock.

Wigert. *Observations sur l'emploi de l'infinitif dans la langue française. Jönköping,* 1875.

Die Arbeit von *Wigert* konnte aber leider keine Berücksichtigung finden, da mir dieselbe nicht zugänglich war.

Wenn auch Lachmund schon in seiner Abhandlung hie und da Belege aus Chrestien's Werken — Chev. au lyon, Perc. le Gallois und Erec et Enide — gegeben hat, so ist natürlich dadurch noch lange nicht der Gebrauch des Infinitivs bei diesem Dichter genügend gezeigt worden, was Lachmund auch nicht seiner umfassenderen Aufgabe wegen erstrebt hat.

Ausser den obigen Abhandlungen wurden benutzt die bekannten Werke von *Diez* (Grammatik der romanischen Sprachen, IV. Auflage) und *Mätzner*, ferner folgende Arbeiten:

Jolly. Geschichte des Infinitivs im Indogermanischen. München, 1873.

Darin. *Observations sur la syntaxe du verbe dans l'ancien français. Lund,* 1868.

Gullberg. *Mémoire grammatical sur les Poésies de Marie de France. Copenhague,* 1874.

Stimming. Die Syntax des Commines, in der Zeitschr. f. rom. Phil. I. 217.

Glauning. Syntaktische Studien zu Marot. Nördlingen, 1873.

Vogels. Der syntaktische Gebrauch der Tempora und Modi bei Pierre de Larivey, in Böhmer's rom. Studien V. 510.

Glauning. Versuch über die syntaktischen Archaismen bei Montaigne, in Herrig's Archiv f. die neueren Sprachen IL. 163.

Beckmann. *Etude sur la langue et la versification de Malherbe. Elberfeld,* 1872.

In der vorliegenden Untersuchung habe ich den reinen und den präpositionalen Infinitiv und in gleicher Weise die Infinitive mit den verschiedenen Präpositionen, soweit es möglich war, auseinandergehalten.

Durch das Wortregister hoffe ich, dass die Uebersicht und Orientirung über jede einzelne Erscheinung auf dem Gebiete des Infinitivs bei Chrestien erleichtert worden ist, namentlich für den, der mit dem in der Arbeit eingeschlagenen Wege nicht einverstanden sein sollte.

Den Stoff zu meiner Arbeit haben folgende Epen Chrestien's geliefert:

Erec et Enide, herausg. von Immanuel Bekker, in Haupt's Zeitschrift X. (cit. Erec).

Li Chevaliers au Lyon, herausg. von W. L. Holland, Hannover und Paris 1880. 2. Ausg. (cit. Chev.)
Der von Chrestien verfasste Theil des
Roman de la Charette. 1) herausg. von Jonekbloet. S. Gravenhage, 1846. 2) herausg. von Tarbé. Reims, 1849.

Für die Citate wurde die erstere Ausgabe zu Grunde gelegt. (cit. Charr.)
und des
Perceval le Gallois, ed. Potvin. Mons, 1866. (cit. Perc.)

Allgemeiner Charakter des romanischen Infinitivs.

Wie man weiss, weichen die romanischen Sprachen in der Anwendung dieses Modus in vielen Punkten von der lateinischen Sprache ab. cfr. *Jolly* a. a. O. p. 203-212. *Diez* III. 215.

1) Während das Lateinische seine beiden Genera formell kennzeichnen kann, haben die romanischen Sprachen den Infinitiv des Passivs, wie ja überhaupt das Passiv, mit Ausnahme des Part. Perf., aufgegeben und sind gezwungen, denselben entweder zu umschreiben oder ganz unausgedrückt zu lassen. In welchen Fällen das Letztere stattfindet, also die active Form für die passive verwandt wird, hat *Diez* III. 206 näher angegeben.

Ebenso haben die romanischen Sprachen, abweichend vom Lateinischen, das Tempus am Infinitiv aufgegeben und müssen sich zur Unterscheidung desselben gleichfalls der Umschreibung bedienen.

2) Wenn so der romanische Infinitiv im Vergleich zum lateinischen nach dieser formellen Seite hin grosse Einbusse erlitten hat, so ist er in seinem freieren Gebrauche beträchtlich über den lateinischen hinausgegangen.

Vor allem ist auf die Substantivirung des Infinitivs aufmerksam zu machen, welche sich bereits in den alten Sprachen findet. Das Griechische gebrauchte den Infinitiv in allen Casus des Singulars, dagegen konnte die classische Latinität ihn als abstractes Substantiv nur im Nominativ und Accusativ anwenden, wozu das Gerundium die obliquen Casus bildete. Diese lateinische Gebrauchsweise hat sich in den romanischen Sprachen in so umfangreicher Weise fortentwickelt, dass dieselben in der Substantivirung ihrer Infinitive die alten Sprachen weit übertroffen haben, was sich speciell für das Französische unten bei der Besprechung des substantivirten Infinitivs bei Chrestien noch besonders zeigen wird.

Als eine weitere wichtige Neuerung in den romanischen Sprachen ist der präpositionale Infinitiv zu bemerken, welcher das lateinische Gerundium, Supinum, das Part. Fut. Activi und Passivi, den reinen Infinitiv und conjunctionale Fügungen vertreten kann (cfr *Diez* III. 231), wodurch das Infinitivgebiet der romanischen Sprachen ein bedeutend grösseres geworden ist, als das der lateinischen Sprache war. In der classischen Latinität steht ja bekanntlich der Infinitiv als ergänzendes Object fast nur nach Verben, die dafür auch ein Substantiv im Accusativ nach sich haben können. Nur wenige Verben sind ausgenommen, nach welchen der Infinitiv einem Substantiv im Dativ entspricht (cfr. *Holtze*, Synt. II. 31).

Der Infinitiv bei Chrestien.

Cap. I.
Der Infinitiv mit dem Artikel.

Wie weit Chrestien in der Anwendung des substantivirten Infinitivs gegangen ist, soll uns sogleich die folgende Liste zeigen:

Acoler: Perc. 3534, Del acoler et del baisier
  Ne li fait-ele nul dangier.
Acoucier: Perc. 551, La dame a tant l'enfant porté
  Qu'ele fu priès del acoucier.

Ajourner: Perc. 3262, A l'ajourner s'en retourna.
Charr. 2982. 3499. 5276.
Aler: Erec 1421, Erec s'atorne de l'aler. eb. 6310.
Perc. 8990, Quant li alers tant vos agrée. eb. 5518. 9470.
Amander: Charr. 4480, Dame, or sui prez de l'amander
Mès que le forfet dit m'aiez.
Anuitier: Erec 3072, à l'anuitier lor ostel pristrent.
Apareillier: Erec 1404, le cheual ensele et enfrene, dou bien apareillier se peine.
Aporter: Chev. 5432, Li aporters enuier pot
As sergenz.
Ardoir: Charr. 4148, Jà n'i aura mès que del'pandre Ou de l'arduir ou del'noier.
Asanbler: Chev. 6100, A l'asanbler lor lances froissent.
Asséoir: Perc. 9195, En l'asséoir que il a fait,
Les cordes jetent ·I· grant brait.
Atendre: Erec 1906, li atendres molt li greuoit.
Perc. 4923, en son atendre ...
Atorner: Erec 484, de l'atorner fu mout isneax. eb. 2068, la royne s'est entremise de l'atorner.
Avaler: Chev. 4157, Si n'i ot que de l'avaler
Le pont.
Avoir: Chev. 5708, Mes prenez ... Ma fille a trestot mon avoir.
eb. 3118. 4048. 4498. 6694. Erec 539. 2494. 2798. 6495. Charr. 57. 331. 1455. Perc. 5240.
Baisier: Perc. 7228, Que tes baisiers au cuer li touce. eb. 3534. Erec 283, dist qu'iroit son baisier prendre. eb. 298. 331. 1757. 1807. 1833. 2087. Chev. 2626. Charr. 4675.
Boire: Perc. 4489, S'entent au boire et au mangier.
eb. 4509, Après si biurent de maint boire.
Erec 5545, laissa le maingier et le boiure.
Celer: Erec 2517, li celers ne uos i uaut rien.
Perc. 10455, Del céler moult bien te casti.
Chev. 3832. Erec 4136.
Cevaucier: Perc. 1831, S'a au cevaucier entendu ...
Cheoir: Chev. 4239, Et se uns granz chasnes cheist,
Ne cuit, que graindre esfrois feist,
Que li jaianz fist au cheoir.
Perc. 3659, Ciaus k'ele (sc. la porte) ataint en son céoir.
Combatre: Perc. 5145, La pucele de paor tramble,
Qui au combatre les esgarde.
Conioir: Erec 6422, chascuns dou conioir se painne.
Consirrer: Chev. 3113, Si n'i a que del consirrer.
Convoier: Erec 1435, grant ioie ont fait au conuoier.

Couchier: Charr. 467, Quant del'couchier fu tans...
    eb. 2495, Tote la nuit jusqu'au couchier.
    eb. 960. 952. Erec 2068. Chev. 4011. Perc. 3126. 4011.
Crier: Charr. 2904, Mès ses criers rien ne li vaut.
Cuidier: Chev. 87, au mien cuidier. eb. 533.
    Perc. 3831, Si ot en lui si fol quidier...
Délaier: Perc. 2754, Puis se sont assis au mangier Qu'il n'i ot autre délaier.
Demander: Perc. 4382, Si s'est del demander tenus. eb. 177. Charr. 485.
Demorer: Perc. 2890, Que li demorers vos anuie.
Départir: Charr. 4690, Tant li fu griès li départirs.
    eb. 215, Au départir si grant duel firent.
    eb. 4716. 2437. 5707. 6023. 6028. 2985. Perc. 1808. Erec 1451. 1436. 1466. 6360.
Desarmer: Charr. 2535, Au desarmer les filles saillent.
Desbochier: Erec 3653, au desbochier d'un plaissiez...
Descendre: Chev. 2709, Que nus ne fu a son descendre.
    Charr. 3318, Li rois se haste del'descendre. eb. 2523.
Descovrir: Charr. 1893, Car ·VII· homes molt forz et granz
    J covandroit au descovrir,
    Qui la tonbe voldroit ovrir.
Descrire: Erec 6690, si en trait à garant Macrobe, qui ou descrire mist s'entente.
Desfandre: Chev. 3279, N'i a neant... del desfandre.
Desirrier: Erec 4152, de li ueoir a molt ma dame la royne grant desirrier.
Desrainier: Erec 825, dou desrainier trop bien me uant. eb. 638.
Dessevrer: Charr. 2497, quant vint au dessevrer.
Destendre: Perc. 9212, ... au destendre Des arbalestres et des ars.
Desvestir: Erec 4391, granz uilté est de cheualier au desuestir...
Dire: Charr. 5322, Del'dire huimès vos reposez.
    Erec 3714. 3836. 5554. 6270.
Enquerre: Perc. 177, si avoient grant droit Del enquerre.
    Charr. 485. 5091.
Ensiérir; Perc. 6488, Tote jor jusqu'à l'ensiérir.
    Charr. 5660, jusqu' à lanserir (l. l'anserir).
Entrer: Erec 5518, à l'entrer ont tuit loé le bel semblant le roi Eurain.
Errer: Chev. 4929, Et ele de l'errer esploite.
    Perc. 1138, Tant ont entendu al errer... eb. 7586.
Eschaper: Chev. 3278, N'I a neant de l'eschaper.
Eschevir: Chev. 6624, A l'eschevir del seiremant...
Escondire: Chev. 264, Que honte fust de l'escondire.
Esgarder: Erec 5330, Erec en l'esgarder s'areste.
    eb. 1476, de l'esgarder ne pot parfaire.
    eb. 3268. Charr. 562. Perc. 5585. 5831.

Essarter: Perc. 1191, Mais or pensés del essarter …
Estovoir: Chev. 6510, Que par force et par estovoir Li covanroit feire a lui pes. eb. 243. 1706. 6386. Perc. 9895. Charr. 5239. Erec 5223.
Estre: Perc. 2782, Tant que je séusce son estre.
    eb. 3031. 1529. 9359. 8680. 9371 Chev. 1793. 1005. Erec 144. 2409. 3846. 6155. 4065. 4460. Charr. 1806.
Esvellier: Perc. 9633, Et l'endemain, à l'esvellier …
Faire: Charr. 4846, Nè je ne n'oi onques corage Del'faire.
    eb. 2656, Et cil del'tost feire se lassent.
    Erec 6710, si se poinne mout dou bien faire.
Férir: Perc. 8384, A ce qu'il ot le brac armé, Et del férir grant volonté.
Ganchir: Chev. 3214, Mes au ganchir petit sejorne.
    eb. 3278, N'i a neant … del ganchir.
Garir: Chev. 6495, Et cil del garir se pena.
Issir: Charr. 2510, A l'issir une meison virent A un chevalier. Erec 6312, de l'issir hors sont apresté.
Joster: Charr. 5603, Li josteor au joster muevent.
Jurer: Chev. 5277, Et devise fu au jurer …
Lessier: Chev. 4158, Si n'i ot que … del lessier aler.
Lever: Perc. 9639, A son lever fu Clarissans.
    Charr. 4689, Au lever fu-il droiz martirs.
    eb. 1897. Erec 5636.
Loisir: Perc. 1254, Et Diex m'en done le loisir!
    eb. 6046, Assés grant loisir en éus.
    Chev. 502. 2872. 4505.
Luitier: Charr. 1648, Et chantent et tubent et saillent Et au luitier se retravaillent.
Mangier: Erec 492. 4741. 4880. 5545. 6872.
    Chev. 8. 254. 588. 2181. 2848. 3460. 5430.
    Perc. 278. 2751. 41. 314. 552. 2094. 3741. 3756. 3759. 2753. 2761. 3113. 3115. 4489. 4493. 4498. 9425. 9582. 9617. 9622. 9607. 9625. 9623.
    Charr. 34. 43. 84. 451. 453. 1026. 1032. 1033. 2073. 2557. 2949. 4159. 5237.
Manoir: Erec 3877, en ma terre et en mon manoir.
    Chev. 2636, La dame … Prie li rois … de raler a son menoir.
    Perc. 1294. 1559. 1644. 2772. 5328. 8896.
Metre: Erec 1620, … qui bien en fu mestre dou metre
    eb. 4240, et commande tost aprester, le soper et les tables metre.
Monter: Chev. 2623, Si n'i a mes del monter.
    eb. 5832, Tot vos trespas jusqu'au monter L'andemain, que il s'an partirent.
    Erec 6395, tant se hasterent dou monter. Charr. 214. 244. 366.

Mostrer: Erec 638, raison aura tote certainne dou desrainier et dou mostrer qu'ele doit l'espreuier porter.

Movoir: Charr. 5240, Qu'il n'i avoit que del'movoir.
Perc. 786, Que à lor movoir, por voir, fui.

Noier: Charr. 4148, Jà n'i aura mès que . . del noier.

Nombrer: Perc. 3726, Car ne vos porés descombrer . . . dou nombrer.
Erec 1692, li nombrers m'encombre.

Novelier: Perc. 2841, Et gardés que vous ne soiés . . . trop noveliers.

Oindre: Chev. 2988, Et tant sa garison covoite,
Que de l'oindre par tot esploite.

Oir: Chev. 163, Car s'il le puet au son oir Prendre . . .
(= a l'oir le son, cfr. Tobler, Gött. gel. Anz. 1875 p. 1076).
eb. 6359, Et li oirs molt li pleisoit.
eb. 6323. Perc. 9434.

Otroier: Perc. 5048, Tant est de l'otroier couarde.
Charr. 958, De l'otroier li cuers li dialt.

Pandre: Charr. 4148, Jà n'i aura mès que del'pandre . . .

Parler: Charr. 1219, Cui li parlers est deffenduz.
eb. 1335, parlers li griève.
Chev. 2276, Ne vos conoistroie des mois Au parler.
eb. 2800. Erec 4594. Perc. 2558. 2841.

Partir: Chev. 5791, Au partir totes li anclinent.
Charr. 6040, Au partir del'tornoiemant.
Perc. 1136. 6540. 6710.

Passer: Chev. 3088, Qu'ele dira, que au passer Del pont ensi li meschei, Que . . .

Penser: Erec 4920, eu cuer et en penser li uint que . . .
Perc. 5640, Si a tout son penser laissié.
eb. 5734, de son penser. eb. 5802.
eb. 5825, Et jou estoie si pensis D'un penser . . .
eb. 5836, Cis pensers. Charr. 714, ses pansers.
eb. 745. 737, de son panser. eb. 1362.
eb. 887, son panser. eb. 5445, vostre panser.
eb. 2831, . . . el panser demore et areste.
eb. 1335, Pansers li plest.

Plaisir: Perc. 5742, se vostre plaisirs estoit.
Charr. 4465, Puis parlèrent à lor pleisir.
eb. 1909. Chev. 1725. Erec 631. 3286. 3349. 3857. 4492. 4803. 5414.

Plovoir: Chev. 6572, le plovoir.

Poindre: Perc. 8676, Car biaus poindres et biaus eslais Ferés . . .
Erec 2811, à un poindre.

Pooir: Chev. 6687. 6727. 6732. 2646. 4131. 4401. 6643. 6646. 6690. 6780. 5095. Perc. 2854. 10256. 5909. 3788. 4041 4520. 4719. 2415. Charr. 1794. 4463. 3977. 6102. 2109. 2969. 625. 629. 1914. 3779. 3149. 4937. 2031. Erec 6340. 2107, 5007. 3004. 4339. 5959. 5607.

Prendre: Perc. 6703, il n'a nul mestier del prendre.
   eb. 8152. 8773, Averiés moult à faire au prendre. Chev. 162. 6254. Charr. 692. 942. 2971. Erec 6349, as congiez prendre (= au prendre les congiez, cfr. Tobler a. a. O.). eb. 5219, Erec li dist au congié prendre. eb. 6357. 5257. Charr. 5287. Chev. 2615.

Querre: Charr. 1056, Del'querre plus ne se delaie.
Rasanbler: Charr. 4704, Del'rasanbler n'est pas pris termes.
Recevoir: Perc. 3726, Car ne vos porés descombrer Dou recevoir.
Reconoistre: Chev. 2895, Au reconoistre molt tarda.
Reconter: Erec 6435, li reconters me seroit gries.
Recorder: Chev. 6763, Ne ne me chaut del recorder.
Recovrier: Perc. 157, Li rois Artus, sans recovrier, En perdi maint bon chevalier.
Relever: Perc. 797, ... tans fu del relever.
   eb. 10591, Au relever fu sans perece.
   Erec 4586, au relever mout fort se blasme.
Remenoir: Charr. 140, Del'remenoir proier vos vuel. eb. 1107.
Rendre: Charr. 5084, Que cil n'ont nul talant del'randre. Chev. 6253
Renkéoir: Perc. 5061, Qui fait folie sel conpert, Si qu'il se gart del renkéoir.
Repairier: Erec 276, ou repairier se sont tuit mis.
   eb. 2261, au repairier de cel tornoi ...
Repentir: Erec 2526, mais tart uenroiz au repentir.
   Charr. 3047, Au repantir vanroiz à tart.
Respitier: Charr. 3506, N'i puet estre li respitiers.
Retorner: Charr. 1996, Del'retorner a fet grant san.
   Perc. 2123, Atant dou retorner s'atorne.
Retraire: Erec 3813, ... qu'au retraire est li branz brisiez. eb. 2856.
Revenir: Perc. 4112, Que le revenir lor promet.
   eb. 5290, Si me hastai dou revenir. eb. 8096.
   Chev. 576, Au revenir por fol me ting.
   eb. 3520. Charr. 5483.
Rissir: Chev. 5216, Que del rissir est il neanz.
Savoir: Erec 531, mout est bele, mes plus assez uaut ses sauoirs que sa beautez.
   eb. 4605, sauoirs t'auoit son cuer doné.
   Erec 4541, cele respont par grant sauoir.
   eb. 6496. Charr. 2754. Chev. 2544. 6323.
Séjorner: Perc. 3278, Li séjorners seroit niens.

Sentir: Charr. 4675, Tant li est ses jeus dolz et buens, Et del'beisier et del'santir.
Sivre: Charr. 223, Que del'sivre s'antreméist.
   eb. 1994, Li suidres ne vos valdroit rien.
Soper: Chev. 250, Del soper vos dirai briemant.
   eb. 4888. Charr. 2071. Perc. 3112. Erec 279. 482. 487. 4247.
Taillier: Erec 5304, ... au taillier plus de set anz mist.
Taisir: Erec 4594, taisirs ne nut.
   Chev. 3832, Mes ... le teisir Devriez vos asez voloir.
   eb. 1726, S'i ai perdu ·I· boen teisir.
Traire: Charr. 4728, Que au traire les fers del'mur De la fenestre se bleça.
Vangier: Chev. 4544, Mes del vangier se poinne fort.
Vanter: Chev. 6572, le vanter.
Vellier: Perc. 2939, mais il avoient Mesaise ... dou vellier.
Venir: Charr. 6591, Se fu si forz à son venir ...
   Erec 4000, Quant dou venir uos escondites.
   Chev. 5656, Qu'an son venir si le navra Li lyeons ...
Veoir: Chev. 708, Li veoirs li demore et tarde.
   Perc. 9150, Car del véoir est il noiens.
   eb. 6344. Charr. 3946, De son véoir.
   Erec 5945, si que tot perdent lor ueoir.
Vivre: Chev. 5299, Que ja de l'uevre de noz mains
   N'avra chascune por son vivre
   Que ·IIII· deniers de la livre.
Voloir: Chev. 1429, ses voloirs. eb. 1427, de son voloir. eb. 1989, vostre voloir. eb. 2011. 2108. 3512. Charr. 634. 966. 1754. 5388.

Wie wir nun eben gesehen haben, gebrauchte Chrestien den Infinitiv, wie jedes andere Substantiv, mit dem bestimmten und unbestimmten Artikel und jedem Pronomen, ferner im Singular und Plural durch alle Casus und selbst mit einem flexivischen s.

Gar nicht selten setzte unser Dichter den Infinitiv als Substantiv ohne irgend einen logischen Grund, da sich daneben oft der Infinitiv ohne den Artikel abhängig von demselben Worte zeigt:

   Perc. 797, tans fu del relever.
   eb. 4515, tans est de cocier.
   Charr. 467, Quant del conchier fu tans et leus ...
   Erec 5406, tens est de herberger enuit.
   Chev. 2376, Einz se haste molt de descendre.
   Charr. 3318, Li rois se haste del'descendre.

Erec 1421, Erec s'atorne de l'aler.
Perc. 6177, Et mesire Gauwains s'atorne d'aler apriès.
Erec 5554, trop me sui dou dire tenuz.
eb. 3536, de parler ne se pot tenir.
Charr. 140, Del'remenoir proier vos vuel
Erec 6475, li rois de remenoir le proie.
Perc. 2847, De ce, biaus frère, vous casti De trop parler.
eb. 10456, Del céler moult bien te casti.

Auch der Verbindung des substantivirten Infinitivs mit einem andern Substantiv begegnet man:

Chev. 2800, Bien sevent, que de lor parler
Ne de lor siegle n'a il soing.
Perc. 7586, Del errer ne del duel qu'il font
Riens plus à dire ne me plaist
eb. 8676, biaus poindres et biaus eslais.

Treten zu dem substantivirten Infinitiv anderweitige Bestimmungen, so kann er diese, wie das Substantiv, in Form eines attributiven Adjectivs (a) oder objectiven Genetivs (b) zu sich nehmen.

(a) Perc. 41, Jà nule rien ne demandast
De biau mangier que lui pléust..
eb. 278, li plus biaus mangiers.
eb. 8676, biaus poindres et biaus eslais.
eb. 6046, Assés grant loisir en éus.
Charr. 2754, Molt avez or dit grant savoir.
Erec 6496, un mout grant sauoir. eb. 4541.
Chev. 1726, S'i ai perdu .I. boen teisir.
Perc. 3832, Si ot en lui si fol quidier.

(b) Chev. 708, Li veoirs li demore et tarde Del vilain. (cit. v. Tobler. Gött. gel. Anz. 1875 p. 1076).

Weitere Belege aus Chrestien finden sich:

Chev. 6624, A l'eschevir del seiremant
Rien de son preu n'i oblia Cele...
eb. 3088, Qu'ele dira, que au passer
Del pont ensi li meschei...
Perc 9212, A ce poés-vos bien entendre
Que grant descrois (wohl in desrois zu ändern) ot au destendre
Des arbalestres et des ars.

Andrerseits hat der Infinitiv mit dem Artikel noch genug von seiner verbalen Kraft, um ein Adverb (a) oder ein Accusativobject (b) bei sich haben zu können.

(a) Perc. 2841, Et gardés que vous ne soiés
Trop parliers ne trop noveliers:
Nus ne puet estre trop parliers...

Charr. 2656, Et cil del' tost feire se lassent.
Erec 1404, le cheual ensele et enfrene, dou bien apareillier se peine.
eb. 6710, si se poinne mout dou bien faire.
(b) Chev. 4157, Si n'i ot que de l'avaler le pont.
Erec 4240, et commande tost aprester, le soper et les tables metre.
Charr. 4728, Porce qu'il set tot de séur
Que au traire les fers del' mur
De la fenestre se bleça.
Chev. 2615, au congie prendre.

Wie sich soeben gezeigt hat, nimmt somit der substantivirte Infinitiv bei Chrestien, wie überhaupt im Altfranzösischen, bald an der Natur des Substantivs, bald an der des Verbums Theil. Anders im classischen Latein, wo der substantivische Infinitiv noch soviel verbale Kraft in sich behalten hat, dass, wenn nähere Bestimmungen hinzutreten, nur Adverbien oder Accusativobjecte ihn begleiten können; erst in späterer Zeit findet sich ganz vereinzelt der vom Infinitiv abhängige Genitiv (cfr. *Dräger*, hist. Syntax 1. 305). Ausgenommen jedoch sind die neutralen Pronomina im Singular, welche im Lateinischen stets als attributive Adjective mit dem Infinitiv verbunden werden.

Je näher wir der neufranzösischen Periode kommen, um so mehr verliert sich der Gebrauch des Infinitivs als Substantiv und in der neuesten Zeit haben auch die wenigen Formen, die noch als substantivirte Infinitive im Gebrauch sind, nur nominale Kraft, sodass sie nur eine attributive Bestimmung zu sich nehmen.   cfr. *Mätzner*. Synt. I. 342.

Zur Geschichte des substantivirten Infinitivs vergleiche die bereits oben angeführten Abhandlungen von:

Wulff p. 52—60. Darin (Roland, Rou, Dolopathos) p. 37. Gullberg (M. de France) p. 37.

Stimming (Commines), Zeitschr. f. rom. Phil. I. 217.

Glauning (Marot) p. 22. Vogel's (Pierre de Larivey), Böhmer's rom. Stud. V. 510.

Leander (Rabelais) p. 20. Glauning (Montaigne), Herrig's Archiv II. 336.

Beckmann (Malherbe) p. 45.

Cap. II.

Der Infinitiv ohne Präposition.

Das Altfranzösische hatte noch keine so festen Regeln für die Anwendung des reinen und präpositionalen Infinitivs, wie es im Neufranzösischen der Fall ist. In der alten Sprache konnte zum grossen Theile der Infinitiv mit der Präposition à gleichzeitig neben dem ohne Präposition stehen, ohne dass dadurch ein Bedeutungsunterschied verbunden war. Dieses Eindringen der Präposition à erklärt Lachmund a. a. O. p. 2 mit Recht aus der ursprünglichen Bedeutung und dem Wesen des Infinitivs, als eines erstarrten Nominal-Casus.

1) Der reine Infinitiv entspricht einem Nominativ.

a) Als solcher vertritt er die Stelle des Subjectes.

Diesen Gebrauch zeigte bereits das Lateinische:

> Dulce et decorum est pro patria mori.

Der neufranzösische Infinitiv findet sich in dieser Weise theils ohne den Artikel, theils mit demselben (*Mätzner*, Synt. I. § 8). Aus Chrestien dagegen lassen sich hierfür nur Beispiele anführen, in denen der Infinitiv, wie ein Substantiv, stets flektirt und zumeist mit dem Artikel erscheint. Ohne den Artikel finde ich ihn nur in den folgenden Stellen:

> Charr. 1335, Pansers li plest, parlers li griève.
> Erec 4594, ainz taisirs à home ne nut, mais parlers nuit mainte foié.
> Erec 4605, sauoirs t'auoit son cuer doné.

Nach unpersönlichen Verben setzte das Altfranzösische gewöhnlich den Infinitiv als logisches Subject entweder ohne Präposition, entsprechend dem Lateinischen, oder mit der Präposition à, und nur selten findet man den Infinitiv in dieser Verwendung mit der Präposition de. Umgekehrt im Neufranzösischen, welches bis auf wenige Ausnahmen (cfr. *Mätzner*, Gr. p. 417) nach den unpersönlichen Verben de mit folgendem Infinitiv gebrauchte. Bei Chrestien steht als logisches Subject der reine Infinitiv nach folgenden unpersönlichen Verben, wobei

das grammatische Subject il oder ce, abweichend vom Neufranzösischen, fehlen kann:
Convenir, vorherrschend mit reinem Infinitiv.

a) Mit dem grammatischen Subject il:
Chev. 733, Qu'il me covient molt loing errer.
eb. 1807. 3376. 3383. 3984. 5498. Perc. 1967, 2658. 2832. 5622. 6064. 6698. 7182. 8475. Charr. 2758. 3048. 3355. 3817.

b) Ohne grammatisches Subject:
Chev. 1850, Vos covendroit boen consoil prandre.
eb. 1854. 2945. 3077. 3380. 3986. 4140. 4699. 4950. 5327. 5334. 5465. 5533. 5536. 5553. 5885. 6387. 6487. 6511. 6545. Perc. 348. 2904. 3382. 3574. 3858. 4918. 4968. 5404. 5417. 5770. 6068. 6288. 6628. 7404. 8319. 8755. 9395. 9895. 10527. Charr.1049. 1170. 1206. 1425. 1788. 2146. 2436. 2462. 2857. 4139. 4174. 4618. 4930. 6140. Erec 249. 565. 866. 1022. 1076. 1627. 2234. 2554. 2560. 3140. 4092. 4178. 5961. 3790. 5214. 6148. 6504. 893.

Estovoir hat bis auf zwei Beispiele, wo sich à mit folgendem Infinitiv findet (cfr. Cap. III, B. 1. c.), bei Chrestien den reinen Infinitiv nach sich:

a) Mit dem grammatischen Subject il:
Erec 4756, dame, fait il, il nos estuet cest duel lessier et oblier.
eb. 5800 ., qu'il m'estoura merci atendre et deprier estre mon uuel. eb. 6894. Chev. 4644. Perc. 875. 3765. 4016. 7077. Charr. 61. 2866. 3844. 3848.

b) Ohne grammatisches Subject:
Perc. 205, Par le forest, par les contrées, Les esteura ensi aler...
eb. 38. 1032. 1628. 2838. 4020. 4130. 4258. 4539. 4541. 4801. 7524. 7990. 8500. 8840. 8954. 9780. Chev. 1444. 4290. 2508. 5491. 5828. 6764. Charr. 1426. 1503. 1770. 1811. 2649. 2743. 3686. 3851. 4078. 5198. 5639. Erec 46. 88. 182. 264. 844. 846. 901. 2016. 2196. 2584. 2857. 3024. 3050. 3439. 3565. 3762. 3819. 3996. 4103. 4149. 4334. 4497. 4978. 5021. 5431 5827. 6661.

Besoigner. Ohne grammatisches Subject:
Chev. 2963, Les temples et le front l'en froit.
Qu'aillors point metre n'en besoingne.
Perc. 3731, se faire le besongne.

Loisir, unpersönlich gebraucht, findet sich bei Chrestien stets mit reinem Infinitiv.

a) Mit dem grammatischen Subject il:
   Charr. 4980, se il hui venir me loist de Méléagant au desus.
b) Ohne grammatisches Subject:
   Chev. 3334, Que plus remenoir ne li loist.
   eb. 4030, Que plus demorer ne me loist.
   eb. 5670, Que des or mes faire vos loist...
   Perc. 8595, Jà ne quier que mentir m'en loise.
   eb. 10197, ... Ains que de moi partir vos loise.
   Charr. 4432, se feire li léust. eb. 5009, Nè tant reposer ne se quièrent Qu'aleinne reprandre lor loise.
   Erec 3291, seoir et parler uos i loist.

Plaire, eine Ausnahme ist es im Altfranzösischen, wenn dieses Verb mit reinem Infinitiv erscheint. Gewöhnlicher ist bei plaire der mit à begleitete Infinitiv (cfr. Cap. III, B. 1. c.). Vier Mal wendet Chrestien den reinen Infinitiv an und zwar ohne grammatisches Subject:
   Perc. 7522, ... Se destorner vos en pléust.
   Erec 1318, et se uos plait un pou atendre.
   Chev. 1424, ... Et qu'a lui parler li pleust.
   Charr. 812, Chevaliers, se toi plest A moi combatre par igal...

In den beiden letzten Beispielen gebrauchte der Dichter vielleicht den reinen Infinitiv, um den Missklang des verdoppelten à zu vermeiden.

Weitere Beispiele, wo plaire mit reinem Infinitiv steht, finden sich bei Mätzner, Altfranzösische Lieder:
   XVI v. 43, se il vous plait voloir.
   XXVIII v. 4, si li plaisoit oir.
ferner in Auc. et Nic. 39. 16,
   Plairoit vos oir un son d'Aucassin un franc baron..?

Das neufranzösische il fait mit Adjectiv und zugehörigem reinen Infinitiv findet sich bereits bei Chrestien:
a) Mit dem grammatischen Subject il:
   Chev. 6593, Il le feroit boen aler querre.
   Perc. 1173, si li demanda Se il faisoit bon séjorner Ilueques, por son fil sauver.
   eb. 7826, Et, se la messe est coumencie, Tant i fera il mellor estre, Tant i demeure que li prestre Aura tout dit et tout canté.
b) Ohne grammatisches Subject:
   Chev. 1395, Et ci li fet boen sejorner.
   Perc. 1180, Et ci feroit moult boin manoir.
   eb. 1919, Et moult mellor baisier vos fet Que cambourière...

Valoir mieux, nur mit reinem Infinitiv:

> Charr. 3398, Amis, mialz vos valdroit atandre .. Tant que vos plaies fussent sainnes.

Dieselbe Gebrauchsweise findet sich auch in folgenden Beispielen:

Livres des Rois 56. cit. v. *Wulff* p. 53.
Aiol 5518. cit. v. *Lachmund* p. 19.
M. de France I, 338. I, 368. cit. v. *Gullberg* p. 41.
Rabelais I, 15. cit. v. *Leander* p. 13 f.

Dagegen citirt *Wulff* p. 66 den Infinitiv mit à:

> Livres de Rois 296, vall mielz a servir a mei u a Sesac.

Venir mieux hat bei Chrestien beide Infinitive ohne Präposition; die heutige Sprache würde vor den zweiten, durch ein vergleichendes que eingeführten Infinitiv die Präposition de setzen.

> Perc. 2219, Et, si vos di sans décevoir,
> Que assez venroit mius licer
> A home qu'à fame baer.

Denselben Gebrauch belegt *Darin* p. 39:

Rou 11085. 11836. Dolopathos 38. 94. 170. 253. 257.
Gullberg p. 41: M. de France II, 151.

Ein Beispiel mit dem Infinitiv und à nach venir mieux giebt *Lachmund* p. 19:

> Guill. d'Orange V, 4031, miex vos venist les haster à torner.

b) Der reine Infinitiv steht als prädicative Bestimmung nach sembler, wie im Neufranz.:

> Erec 6875, mais ie ne uuil pas faire croire chose qui ne semble estre uoire. eb. 3177.
> Charr. 2512, Et sa fame, Qui sanbloit estre boene dame .. eb. 1872
> Perc. 7916, Si vit séoir une pucièle
> Qui moult li samblast estre bele... eb. 6947. 10445.

2) Der reine Infinitiv entspricht einem Accusativ.

a) Die Hülfsverben des Modus: vouloir, devoir, pouvoir, savoir, oser, soloir.

Diese Verben finden sich bei Chrestien mit einer

Ausnahme (cfr. Cap. III. B. 2. a α.) wie im Neufranzösischen mit reinem Infinitiv.

Mit vouloir begriffsverwandt sind folgende Verben:

Deigner, stets mit reinem Infinitiv:
> Chev. 1008, Mes onques chevalier n'i ot
> Qu'a moi deignast parler .I. mot.
> eb. 3144. 3677. 4111. Perc. 3687. 4630. 6529. 9935. Charr. 123. 677. 1236. 1671. 2602. 4199. 6000,... Que por biauté nè por avoir Deignast nule de les (l. d'eles) avoir Cil chevaliers. Erec 1271. 3264. 3330.

Querre: Charr. 1670, Dahez ait qui joer i quiert.
> eb. 2636. 3291, 5022, 5025, 5406. Erec 2432. 2553. 2932. 3148. 3900. 6880. 3381. 5962. Chev. 235. 244. 716. 2258. 3748. 4447. Perc. 5834. 5494. 8416. 9588. 10593.

Enquerre: Charr. 3260, Jà ne t'anquier dire losange.

Rover: Perc. 8418, Ains monterai, se j'onques puis, Sor le roncin et querre ruis U jou me puisse confesser.

b) Die Verben der Willensäusserung.

Diese werden bald mit reinem Infinitiv, bald mit à und folgendem Infinitiv gebraucht:

Vouloir mieux hat beide Infinitive ohne Präposition nach sich:
> Chev. 6532, Mialz volsist estre pris an Perse...
> Que leanz estre antre les murs.
> Perc. 7554, N'ai pas de ma mort tel paor Que jà mius ne voelle à honor La mort soffrir et endurer Que vivre à honte et parjurer.
> Charr. 1114,... Et s'asez mialz morir ne vuel
> A enor que à honte vivre.
> eb. 3090, Mialz voel morir que retorner.
> eb. 3107, Mialz se voloit-il mahaignier
> Que chéoir el pont et baignier An l'ève.
> eb. 4239, Malveise est qui mialz vialt morir
> Que mal por son ami sofrir.
> eb. 4243, Mialz voel vivre et sofrir les cos
> Que morir et estre an repos.

Weitere Belege giebt *Darin* p. 39: Roland 536. Rou 3057. 5027. 14558. 15534. Dolopathos 209, ferner *Gullberg* p. 41: M. de France I, 96. I, 144. I, 258. II, 177. II, 190. II, 294. II, 397.

Gleich an dieser Stelle mögen, als mit den soeben besprochenen, abweisenden Wunschsätzen gleichwerthig, die mit einz que und einçois que eingeleiteten Erwähnung finden:

Chev. 6107, Entrebeisier et acoler s'alassent, einz que afoler.

Charr. 2970, Sire an vostre servise Devriens toz noz pooirs metre Et doner einçois que promettre.

Hiermit ist zu vergleichen:

Perc. 4622, La mors ki si me desconforte, Por coi prist s'arme ains que la moie?

Dieselbe Gebrauchsweise zeigt sich auch bei

Rabelais I, 58, le clair soleil, ains qu'estre en occident, lairra espandre obscurité.

eb. V, 47, feray le chois d'estre desgradé ras, ainçois qu'estre jamais angarié. cfr. Leander p. 14.

Desirer: Erec 3629, por ce qu'auoir la desiroie...

eb. 4491, mais uostre non sauoir desir.

Convoiter: je einmal mit reinem Infinitiv und dem Infinitiv mit à (cfr. Cap. III, B. 2. a. β.)

Perc. 2714, Li preudom li convoite tant D'armes ensignier et aprendre.

ebenso bei M. de France I, 292,

Ce qu'elle covoite savoir

(cit. v. *Gullberg* p. 39.)

Creindre: Chev. 890, Qu'il crient sa poinne avoir perdue. eb. 1946, S'i crient il estre mal venuz. eb. 2797, Qu'il crient entr'ax issir del san. Perc. 778, Moult en crémoit avoir anui. Charr. 3441, Se tu la reïne li ranz Criens-an tu avoir desenor?

Der Infinitiv mit à, den wir bei Chrestien nach creindre nicht gefunden haben, wird aus altfranzösischer Zeit belegt von:

Wulff p. 65, aus Livres des Rois 12,

e cremeit a mustrer a Hely la visiun.

Lachmund p. 7, aus Perc. (Forts.) 17000,

Tant le crémoie à travellier. eb. 30206, Et jou vos crienc à anuier.

Doter erscheint bei unserm Dichter gleichmässig mit reinem Infinitiv und dem Infinitiv mit à (cfr. Cap. III, B. 2. a. β.):

Chev. 145, Se correcier ne vos dotasse.

eb. 549, Que folie feire dotasse.

Perc. 7728, Et Percevaus, qui moult doutoit Avoir vers Damledieu mespris...

Die beiden Verben creindre und doter finden wir

noch im 16. Jahrhundert bald mit reinem Infinitiv, bald mit demjenigen mit à belegt: Commines, cfr. *Stimming* p. 214 und 216. Marot, cfr. *Glauning* p. 24. Pierre de Larivey, cfr. *Vogels* p. 515. Montaigne, cfr. *Glauning* p. 338.

c) die Verben des Veranlassens und des Zulassens.

1) Faire in der Bedeutung „veranlassen" hat bei Chrestien stets den Infinitiv ohne Präposition nach sich. Interessant ist die Verbindung von faire mit croire „glauben machen". Im

> Erec 6875, mais ie ne uuil pas faire croire chose qui ne semble estre uoire,

finden sich diese beiden Verben ohne Präposition verbunden, im

> Chev. 3580, Par foi, fet ele, jel sai bien, Que c'est parole tote voire;
> Mes por ce ne fet mie a croire, Que vos aiez plus mal de moi;

steht die Präposition à dazwischen, und die neufranzösische Gebrauchsweise zeigt sich im

> Perc. 9963, Sire, fait-il, dont m'a menti La demoisièle ki me dist Et por voir acroire me fist C'une fois...

Dagegen findet sich bei Chrestien nicht faire assavoir „zu wissen thun", was sonst im Altfranzösischen zu belegen ist:

> Richart 778, ie fach bien assavoir que...
> Moland et Hericourt, nouvelles d. XIII. siècle: Jou li empereres de Busance et li sires de Grese fac à savoir. (cit. v. Lachm. p. 13).

Unser Dichter schreibt:

> Erec 6740, et quanque fu, et quanque iert, li font certeinnement sauoir sanz mentir et sanz deceuoir.
> Perc. 335, Le duel, l'esvanuiscement,
> Tout ferai savoir a la gent..

Nicht selten ist im Altfranzösischen faire savoir in der Bedeutung von faire que sages „thun das, was ein Weiser thut". Belege für den letzteren Ausdruck giebt *Tobler*, Zeitschr. f. rom. Phil. I. 6.

Für die Ausdrucksweise faire savoir lassen sich aus Chrestien folgende Beispiele anführen:

> Chev. 5214, Si n'avez mie fet savoir,
> Quant vos estes venuz ceanz.
> eb. 5707, Mes prenez (si feroiz savoir)
> Ma fille a trestot mon avoir.

eb. 4770, Mes ne feroie pas savoir,
Se je sanz congie m'an aloie.
Erec 16, .. que cil ne fait mie sauoir
qui sa science n'abandone...
Charr. 3246, Porce feroies tu savoir
Se la bataille li toloies.
Perc. 6515, Mais prendés, si ferés savoir,
Tot le harnas et l'autre avoir.
eb. 8410, Laissiés-le, si ferés savoir.

Mit faire gleichbedeutend sind:
Rover: Charr. 2833, Or est li chevaliers si pris
Qu'el panser demore et areste
Savoir s'il an donra la teste
Celi qui la rueve tranchier.

Beispiele für à mit folgendem Infinitiv giebt *Lachmund* p. 14:
Guill d'Orange I, 1735, qui te rova à venir à mon pié. eb. V, 3644.

Commander hat bei Chrestien zum grösseren Theil reinen Infinitiv nach sich:
Perc. 4432, Et li sire au varlet commande
L'ève doner et napes traire.
eb. 5279, Luès à ·I· serjant les comande moult bien garder. eb. 5463, Et puis désarmer le commande. eb. 5612, Et li rois aler li comande. eb. 6730. „Fille, qui vos comande Venir clamer à chevalier?" Charr. 242, Comandez les chevax forstreire .. eb. 2530, As uns comande oster les seles Des chevax et bien conréer. eb. 3420,. . et comande pener De lui servir ces... eb. 4958, Lor chevax amener comandent. eb. 6133, Puis comanda les huis barrer.
Erec 153, sa pucele commande aler isnelement à lui parler. eb. 2900, les trois cheuax li (sc. Enide) commandoit deuant li mener et chacier. eb. 4261, son cheual commande enseler. eb. 1422. 2006. 2284. 2325. 4240. 4248. 5088. 5532. 6423. 6514 6517. 6765. 6787. 6808.

Loer: Chev. 1313, Si com je vos lo contenir.
eb. 1654,... qui bien feire li lot.
Perc. 1788, Vous lo-jou au mostier aler.
eb. 7488, mais je loc prendre ·I· respit de ceste bataille Jusqu'à ·I· an.
eb. 7979, Por çou vos en loc bien raler
Et de ceste angarde avaler.

2) Laissier in der Bedeutung „zulassen" kommt im Altfranzösischen nur mit reinem Infinitiv vor.

Mehr oder weniger synonym mit laisser sind:

Donner: Chev. 1443, Et dex li doint ancor changier!
eb. 3803, Et dex vos i doint sejorner.
eb. 4171. 4462. 4993.
Perc. 206, Tant ke Dex lor donra trova La cour ... eb. 1765, Et si vos doinst si contenir .. eb. 4160. 8218. 10418. Charr. 2219, Et jà Dex joir ne t'an doint! eb. 2828, ... Et si te doint bien esploitier De ce que tu as entrepris! Erec 3312, quant ie d'amor uos doing requerre, ne m'en deuez pas escondire. eb. 5620, et Dex... uos en doint à ioie uenir.

Otroier gebraucht Chrestien nur mit à und folgendem Infinitiv (cfr. Cap. III. B. 2. a. γ.).

Beispiele mit reinem Infinitiv finden sich bei *Mätzner*, Altfranzösische Lieder III. 29:
Que crueus fait ses cuers se li otroie
Moi enhair, dont je la voi certainne ..,
bei *Lachmund* p. 14 aus Trist. I. p. 203:
prendre m'otroi ou essilier.
Violette 5870, oiés messe dou Saint Espier
Que toutes malvaisties querpir Vous otroit Dex.

Soffrir bei Chrestien nur mit reinem Infinitiv:
Perc. 3347, Biaus sire, icele vraie crois
U Dex soffri péner son fil...
eb. 6659,.. Ains que cestui désavenant
Faire en mon ostel vos sofrisce.
Erec 1010, òu tu sosfris ton nain en rieure ferir la pucele ma dame.

Belege für à mit folgendem Infinitiv giebt *Lachmund* p. 14 aus
Guill. d'Orange V, 4810, vos veil... demander que tu me soffres ton cors à adouber.
Richart 4409, que vous soufres à metre
Le cors de chevalier en terre.

d) Verba Sentiendi.

Diese finden sich bei unserm Dichter bis auf eine Ausnahme (cfr. Cap. III. B. 2. a. δ.) mit reinem Infinitiv: Ouir und Veoir; daher auch der reine Infinitiv nach

ez-vos: Charr 2780, Que que cil merci li demande Atant ez-vos parmi la lande Une pucele l'anbléure Venir sor une fauve mure, Desafublée et desliée.

e) Dieselbe Gebrauchsweise zeigen die Verba Cogitandi:

Cuidier und Penser, welches letztere bei Chrestien nur einmal mit reinem Infinitiv zu belegen ist:
> Erec 3416, mout est li cuens de male part, que sa fame tolir li pense et lui ocire sanz deffanse.

Ueber penser à und de mit folgendem Infinitiv (cfr. Cap. III. B. 3. a. und A 3. c. β.).

f) Dagegen lässt Chrestien nach den Verbis Declarandi bis auf eine Ausnahme, wo der reine Infinitiv steht, den Infinitiv mit à folgen (cfr. Cap. III. B. 2. a. ε.).

Diese Ausnahme ist:
> Dire: Perc. 6162, Et tel amende l'en fesisce Que tuit si ami et le mien
> Le desissent tenir à bien.

(bereits cit. v. Lachmund.)

3) Der reine Infinitiv nach den Verben der Bewegung.

Mit reinem Infinitiv stehen bei Chrestien: Aler, Venir, wofür Belege anzuführen, ich mir ersparen darf, ferner

Mener: Chev. 1038, Sel mena seoir en ·I· lit.
> eb. 4008, Quant ore fu, si l'en menerent Colchier en une chanbre clere.
> Charr. 2188, Le chevalier couchier an mainnent.
> eb. 4458, Lors l'en mainne li rois la reïne vëoir.
> Erec 4860, ... un garçon qui uoloit mener son destrier à l'eue abeurer.
> Perc. 1037, .. Que vostre fil volés mener
> A saint Brandain d'Escoce orer.

Corre: Chev. 1302,... Que les mains tenir ne li cort.
> Perc. 2746, Le varlet afubler en court.
> eb. 7264, Maintenant ceurt les armes prendre Cele
> Charr. 3326, Si le cort molt tost saluer.
> eb. 2557, Cil corent le mangier haster.
> eb. 4439, Sel' cort beisier et acoler.
> Erec 1235,.. qui le corrurent desarmer.
> eb 3246, deuant corrut auant conter qu'il li cuens ueoir le uenoit.
> eb. 809. 2618. 2876. 3474. 4850. 5509. 6210.

Envoier: Perc. 3707, Cil del castel qui l'ont véue
> Envoient savoir et enquerre...
> Charr. 5830, Talanz li prist qu'ele l'anvoit
> Les rans cerchier tant qu'an le truisse.
> Chev. 1879, Cele fet sanblant, qu'anvoit querre
> Mon seignor Yvain en sa terre.

Erec 1909, li rois le don li outroia, et par son roiaume enuoia toz les rois et les contes querre.

eb. 1319, par tens uos enuoierai querre.

Dem altfranzös. envoier querre entspricht einigermassen das neufranz. envoyer chercher holen lassen.

Saillir: Charr 1210,... il saut Couchier avoec la dameisele.

Emporter: Perc. 727, Puis l'emportèrent entiérer.

4) Elliptisch kann der reine Infinitiv, wie im Neufranz., in Form der Frage (a) und des Ausrufes (b) Verwendung finden, wozu ich auch savoir „nämlich" (c) rechne.

Aus Chrestien kann ich folgende Belege hierfür geben:

(a) Chev. 2023, „Et la biautez, qu'i a forfet?"
„Dame, tant, que amer me fet."
„Amer? et cui?"
Erec 843, se tu uez auoir l'espreuier, mout le t'estuet comparer, chier. comparer, uassax, et de quoi?

(b) Perc 7960, Remanés, si crées mon los.
„Remaindre! sire, et jou por coi?

(c) Charr. 2832, Or est li chevaliers si pris
Qu'el panser demore et areste,
Savoir s'il an donra la teste Celi...

Auch in indirecten Fragen (d) und relativen Sätzen (e) kann statt des bestimmten Modus der reine Infinitiv eintreten, ein Fall, der dem Lateinischen unbekannt ist:

(d) Nach savoir mit einem Fragewort:

Chev. 2786, Que l'en ne le seust ou querre.

eb. 3906, se il seust, Ou trover mon seignor Gauvain.

Charr. 3091, Cil ne li sèvent plus que dire.

eb. 2746, Nè ne sa où aséurer.

eb. 3621, Mainz estors fiers et durs et lons S'antredonèrent par igal, C'onques nè de? bien nè del' mal Ne s'an sorent auquel tenir.

Erec 3711, que ele ne set lequel faire.

eb. 5098, or ne li set que reprochier Erec...

(e) Nach avoir mit que als relatives Neutrum:

Chev. 1628, N'i eussiez que demorer.

eb. 4454,... Donc n'as tu ci que demorer.

eb. 5887,... N'i eust mes que demorer.

eb. 6404, A ce n'ai ge que demorer.

Perc 1420, Vallet, de chou n'ai-jou ke faire.
eb. 3583, N'ont que boire ne que mangier.
Charr. 3946, De son véoir n'ai-ge que faire.
Erec 1621, Quant ou mantel n'ot rien que faire...
eb. 2707, n'ai que faire d'or ne d'argent.
eb. 5178, en eles n'ot que ensoignier.
eb. 6106, car uos ni auez que atendre.
Perc. 8335, Se j'avoie sour coi monter...

Zu solchen Beispielen, wie sie eben (4 e) erwähnt worden sind, macht *Scheler* in seiner Anmerkung zu Les Enf. Og. v. 80 mit Recht die Bemerkung, dass man derartige Wendungen nicht zu verwechseln hat mit denjenigen, wo que die Conjunction ist und ne . . . que gleichbedeutend ist mit seulement, rien que wie in folgenden von *Scheler* a. a. O. angeführten Stellen:

Enf. Og. 921, Savoir povez k'en aus n'ot k'esmaier. eb. 1056.
eb. 2015, En Brunamon n'en ot que airer.
eb. 4536, El roi Charlon n'en ot k'esléecier.

Eine ähnliche Verbindung aber mit anderer Bedeutung ist diejenige mit demselben que, wofür auch mais que, fors und se . . . non in Verbindung mit ne eintreten kann, wonach dann de mit dem durch den Artikel verbundenen Infinitiv zu folgen pflegt.

Zu den bereits von *Tobler*, Zeitschr. f. rom. Phil. I, 10 f. aus Chrestien gegebenen Beispielen:

Chev. 2623. 3113. 4157. Perc. 5521. 7078. Charr. 244.

werden noch zwei hinzugefügt:

Charr. 4148, Ft s'il les puet tenir ou prandre
Ja n'i aura mès que del' pandre
Ou de l'ardoir et del' noier.
eb. 5240, S'estoit venu à l'estovoir
Qu'il n'i avoit que del'̤movoir.

5) Schliesslich sei die Aufmerksamkeit auf den Infinitiv gelenkt, der im Altfranz. die Stelle eines negativen Imperativs in der zweiten Person des Singulars vertreten kann. cfr. *Diez* III, 211 f., *Wulff* p. 34 ff.

Tobler, Gött. gel. Anz. 1872 p. 895 belegt diesen Gebrauch durch folgende Beispiele aus Chrestien:

Chev. 732, Garde, ne demorer tu pas!

Perc. 8068, Garde nel en penser tu jà
Que tu sor ton ceval me metes.
Erec 988, ne m'ocire tu pas.

wobei er auch aufmerksam gemacht hat auf „die Hinzufügung des persönlichen Fürwortes zum negativen Imperativ oder dem ihn vertretenden Infinitiv" Den eben erwähnten Stellen will ich noch die beiden folgenden aus Chrestien anreihen:

Charr 2888, Ne l'espargnier-tu pas.

Ohne persönliches Fürwort:

eb. 2825, Ne croire pas ce traïtor!

Weitere Belege aus altfranzösischer Zeit finden sich bei *Diez* III, 212. *Wulff* p. 34 ff. aus Roland 1113. 2337; zahlreiche Beispiele aus le Psautier d'Oxford; Les Livres des Rois 126. 59. 76 C. III C. 73. 87. 166. 17. *Darin* p. 40 aus Rou 5463. 14931 13015. 7065. Dolopathos 265. 316. 389. 178. 269. 271. 272. 349. 391. *Gullberg* p. 42, f. aus M. de France I, 430. I, 460. Graelent 23. II, 257. II, 288 II, 478.

Jedoch kann im Altfranzösischen, wie hier sogleich hinzugefügt werden soll, auch der positive Imperativ durch den Infinitiv (mit de) nach der Partikel or ersetzt werden (cfr. *Diez*, III, 211), wofür aus Chrestien ein Beleg gegeben werden kann:

Erec 3519, or tost, fait-il, d'esperoner.

In den meisten Fällen aber ist dieser Infinitiv durch den Artikel zum Substantiv erhoben. cfr. *Diez* a. a. O. und *Grimm*, deutsche Grammatik IV, 87.

Aber nicht nur der Infinitiv mit de, wie *Diez* und *Grimm* bemerkt haben, sondern auch der Infinitiv mit à kann nach der vorausgehenden Partikel or einen positiven Imperativ im Altfranzösischen vertreten, was ich belegen kann aus:

Chev. 1125, Or au cerchier par toz ces engles!

Statt des Infinitivs kann auch ein Hauptwort eintreten:

Perc. 7291, „Or as armes, signor!
S'irons prendre le traïtor
Gauwain, ki mon signor ocist."

Cap. III.

Der Infinitiv mit Präpositionen.

Die Präpositionen, die Chrestien vor den Infinitiv treten lässt, sind de, à, por, en, après, par, sans. Das gleiche Schwanken, auf welches wir oben in der Anwendung des reinen Infinitivs mit dem präpositionalen Infinitiv, besonders demjenigen mit à, hingewiesen haben, besteht im Altfranzösischen bekanntlich auch in der Wahl einiger vor den Infinitiv zu setzenden Präpositionen. Dieses findet sich bei unserm Dichter hauptsächlich zwischen de und à, à und por, à und en.

In der ältesten Zeit hat der Infinitiv mit à, wie *Wulff* a. a. O. p. 67 f. bereits bemerkt hat, im Vergleich zu dem mit der Präposition de verbundenen Infinitiv das Uebergewicht. Im Laufe der Zeit aber hat die Präposition à immer mehr und mehr an Gebrauch verloren, wobei de am meisten gewonnen hat und schliesslich in seiner Anwendung einen weiteren Umfang angenommen hat als die Präposition à. Das Letztere ist bereits im 15. Jahrhundert der Fall.. cfr. *Vogels* a. a. O. p. 527.

Dieses Schwanken zwischen de und à ist aber keineswegs im Neufranzösischen vollständig durch feste Regeln aufgehoben worden, da sich auch heut noch Verben finden, welche eine doppelte Construction zulassen: bald den Infinitiv mit de, bald denjenigen mit à. Solche Verben hat *Carl Lorenz* in dem X. Jahresbericht über das Gymnasium zu Waren 1879 zusammengestellt.

Gleich an dieser Stelle soll die bekannte Anwendung von zwei Präpositionen vor dem Infinitiv Erwähnung finden, wofür bereits zahlreiche Belege für por... à, de... à und sans... à gegeben haben: *Diez* III, 236 und 244. *Wulff* p. 21 und 67, Anm. *Lachmund* p. 27 aus Perc. (Forts.). *Darin* p. 38 aus Dolopathos 375. *Gullberg* p. 42 aus M. de France: Espine 64. *Scheler*, Anm. zu Les Enf. Ogier v. 9 und Berthe au grand pied v. 2300.

Scheler, Anm. zu Dits et Contes de Baudouin de Condé v. 178 p. 383.

Zu diesen Beispielen führe ich zwei aus Chrestien mit de ..à und por...à an, wo ausserdem, abweichend von allen bereits citirten Stellen, der Infinitiv durch den Artikel zum Substantiv erhoben ist:

> Erec 4391, granz uilté est de cheualier au desuestir et puis plaier et mener si uilainnement.
> Perc. 667, Qu'il voloit iestre tous premiers
> Por le tornoi au comencier.

Diese doppelte Anwendung von Präpositionen vor dem Infinitiv scheint nach den oben angegebenen Belegstellen nach dem 13. Jahrhundert nicht mehr vorzukommen.

A. Der Infinitiv mit De.

1) Der Infinitiv mit de steht als logisches Subject:

a) bei estre mit einem Substantiv. (cfr. *Tobler's* lehrreiche Abhandlung in der Zeitschr. f. rom. Phil. I, 4 ff.).

Folgende Sätze aus Chrestien entsprechen nicht ganz dem heutigen Gebrauche, indem in ihnen entweder das grammatische Subject il oder ce fehlt oder der Infinitiv mit dem Artikel verbunden ist oder auch beides zugleich stattfindet:

> Charr. 2026, De herbergier est huimès tans.
> eb. 5977, Que granz déporz est de véoir...
> Erec 1012, grant uilté est de ferir fame.
> eb. 2091, de baisier fu li premiers ieus.
> eb. 5406, tens est de herberger enuit.
> Perc. 7100, Bien est huimais tans et raisons de herberger.
> Erec 6194, ne d'enquerre ne li fu peinue dont ele ert, ne de quel pais.
> Perc. 8512, Bien sai que miens en fu li tors
> De vous sivir, se Dex me gart.
> Erec 5230, dex, si li plait, me lait tant uiure que ie encore en leu uos uoie òu la poissance resoit moie de uos seruir et honorer.
> Perc. 9150, Car del véoir est il noiens
> Avoec vostre oes por nule rien.
> Chev. 5216, Que del rissir est il neanz.

eb. 264, Que honte fust de l'escondire.
Charr. 5091, Folie seroit de l'anquerre.
eb. 3444, Einz est péchiez del' retenir Chose.
Perc. 797, tans fu del relever.
Erec 6270, ia dou dire ne m'iert parece.

Dagegen sind nach neufranzösischer Weise in dem, worauf es hier ankommt, folgende Beispiele aus Chrestien gebildet:

Perc. 10045, Or m'est-il solas et delis
De tes mençognes escouter.
eb. 6044, Ce es-tu li maléureus,
Qui véis qu'il fu tans et leus
De parler et si te téus.
eb. 6382, Dont n'est-il solas ne délis
De si bon chevalier véoir?
eb. 7632, Certes, il n'est raisons ne biens
D'armes porter, ains est grans tors,
Au jor ke Jhésucris fu mors.

Die folgenden beiden Stellen sind bereits citirt von *Tobler* a. a. O. p. 6:

Chev. 99, Il n'est corteisie ne san,
De plet d'oiseuse maintenir.
eb. 6756, Et s'il ne fust de parjurer
Trop leide chose et trop vilainne.

b) bei estre mit einem Adverb:

estre tart, mit der Bedeutung „kaum erwarten können."

Charr. 5045, Et Lanceloz cui molt fu tart
De mon seignor Gauvain trover,
An vient congié querre et trover Au roi.

Ausnahmsweise findet sich bei unserm Dichter der Infinitiv als Subject einmal ohne Präposition, wo das Prädikat durch faire mit einem Substantiv umschrieben ist. cfr. *Lachmund* a. a. O. p. 20:

Perc. 4984, Péciés vos fait ci arrester.

Wulff a. a. O. p. 53 giebt für diesen Gebrauch Belege aus Passion du Christ, Psautier d'Oxford und Livres des Rois.

In ausgedehnterem Masse findet sich bei späteren Autoren, besonders bei denjenigen des 16. Jahrhunderts, der reine Infinitiv als Subject nach être mit einem Substantiv, Adjectiv oder Adverb, ganz dem lateinischen Sprachgebrauch entsprechend. cfr. die oben angeführten Abhandlungen über Commines p. 214, Marot p. 25, Pierre de Larivey p. 512, Rabelais p. 8, Montaigne p. 338, Malherbe p. 45.

c) bei unpersönlichen Verben:

Chaloir: Chev. 3720, Mes de conter ne de retreire
As genz, qui je sui, ne vos chaille!
eb. 6763, ... Ne ne me chaut del recorder,
Des qu'a lui m'estuet acorder.

Tenir, mit der Bedeutung „geziemen, angehen":
Charr. 485, A vos, fet-ele, ne taint rien
Del' demander nè de l'anquerre.
Perc. 2567, D'el cuidoie que il tenist
Au roi que de chevalier faire.

2) Der Infinitiv mit de als unmittelbares Objekt nach transitiven Verben:

Finer: Chev. 1627, vos ne finez de plorer. eb. 3814, ne finent de joie feire et de plorer. eb. 3932, ne fine de sopirer. eb. 4098, Onques ne les fina de batre. eb. 4807, Ne finera... Del chevalier au lyon querre. eb. 5804, D'errer a grant esploit ne fine. eb. 6512, ... Ou il ne fineroit ja mes, De la fontainne tormanter Et de plovoir et de vanter.
Charr. 562. De l'esgarder onques ne fine. eb. 2704, de joer onques ne fine. eb. 3310, Einz ne finèrent d'avaler.
Perc. 4158, il ne fina de proüer Damledieu. eb. 186, ne finés de demander. eb. 696, Ne finèrent d'esporonner. eb. 1538, Jl ne finèrent hui d'aler. eb. 6262, D'errer vers Tintarguel ne fine. eb. 8886, Jl ne fineroient de traire.
Erec 3918, ainz ne fina de cheminer. eb. 4698, de son duel faire ne fine. eb. 4116, mes sire Gauuains tot ades ne fine d'Erec delaier. eb. 4558, ne fine de cheuauchier à grant esploit. eb. 270, dou cheualier suire ne fine.

Estancher: Perc. 7784, ... Quant le fier, qui ainc n'estança
De sainier, devant toi véis.

Mit einem sächlichen Object:
Charr. 3312, Et voient Celui qui estanche
Ses plaies et le sanc en oste.

Parfaire: Erec 1476, de l'esgarder ne pot parfaire.

Escondire: Erec 3999, Kex respont, grant folie dites, quant dou uenir uos escondites.

Statt des Infinitivs ein Substantiv:
> Perc. 7015, Et mesire Gauwains li a
> Tonte la priière escondite.

3) Der Infinitiv mit de im Verhältniss eines Genitivs da, wo grösstentheils auch ein Substantiv im Genitiv stehen würde:

a) nach Substantiven, wo die lateinische Sprache den Genitiv des Gerundiums, selten den Infinitiv gebrauchte:

Aie: Chev. 5066, Qu'ele n'atant secors n'aie
> De bien desresnier sa querele, Fors que de vos.

Aventure: Charr. 3088, Einz me voel metre en aventure
> De passer outre et atorner.

Baillie: Erec 3829, ... la force auez et la baillie de moi ocire ou de uif prendre.

Congié: Perc. 1749, Del anel prendre vos dōin-gié
> Et de l'aumosnière congié.
>
> Charr. 1118, ... Se cil me donoient congié
> De passer oltre sanz chalonge.
>
> Erec 3276, de parler à li congié prist à Erec.
> Chev. 2545, Ne leira, que congie ne praigne De retorner.
> eb. 2558, Congie maintenant li requiert
> Mes sire Yvains, de convoier le roi ...

Consoil: Chev. 1625, Vos deussiez or consoil prendre
> De vostre fonteinne desfandre. eb. 1850.
>
> Perc. 6550, ... Qui le consel à son segnor
> Dona del tornoi comencier.

Corage: Charr. 4846. Nè je ne n'oi onques corage
> Del' faire nè jà ne l'aurai.

Covoitie: Chev. 2294, Car molt avoit grant covoitie.
> De savoir tote s'aventure.

Cure: Erec 2883, mais cil n'a de retorner cure.
> eb. 5131, Erec ot mout son cheual chier, que d'autre cheuauchier n'ot cure. eb. 6273. Chev. 637. 838. 5102. 6396.
> Perc. 5306. 4574. Charr. 2042. 5028.

Cusançon: Charr. 2464, Einz devez estre an cusançon De moi herbergier.
> Chev. 1736, ele estoit en grant cusancon
> De sa fonteinne garantir.

Dangier: Perc. 3535, Del acoler et del baisier
> Ne li fait-ele nul dangier.
>
> Charr. 2074, Mès quant cè vint après mangier
> Onqnes n'i ot puis fet dangier
> De parler d'afeires plusors.

Desirrier: Erec 4152, de li ueoir a molt ma dame la royne grant desirrier.

Droit: Perc. 176, si avoient grant droit
Del enquerre et del demander.

Eise: Chev. 1081, Mes deu puisse je aorer,
Qui m'a done le leu et l'eise,
De feire chose, qui vos pleise.

Envie: Perc. 3465, . . . Qui n'ait de moi mal faire envie.

Espans: Chev. 1583, La dameisele, qui fu brete,
Fu de lui servir an espans.
eb. 3474, et fu an espens Del cheval garder.
eb. 4923, . . . Qui an molt grant espans estoit
De trover ce, qu'ele queroit.
Charr. 1455, . . . Que de l'avoir oi tel espans . . .

Esperance: Chev. 2656, Et li cors vit en esperance
De retorner au cuer arriere.

Essai: Perc. 1710, Mais, quant il venra à l'essai
D'armes porter, coment ert donques?

Fiance: Erec 5614, desormais estes en fiance d'auoir ce que uos couoitiez.

Garde: Perc. 8306, Et n'aroit garde de morir.

Grant: (cfr. *Diez*, Etymologisches Wörterbuch p. 569 und 759; *Tobler*, Dit du vrai aniel p. 22).
Chev. 3220, Mes de ce se voit molt en grant Des cos vangier.

Leu: Perc. 10153, N'onques ne pot venir en leus
De vengier les, en nule guise,

Mesaise: Perc. 2938, mais il avoient Mesaise . . .
De jëuner et dou vellier.¹

Mestier: Erec 3266, n'ai mestier d'autrui auoir prendre.
Chev. 6569, Mes vos avriez grant mestier
De plus resnable conseillier.
Perc. 6703. 8801. 9434. Charr. 2971. 3434. 4549.

Mestre: Erec 1620, . . . qui bien en fu mestre dou metre.

Neant: Chev. 3278, N'i a neant de l'eschaper,
Ne del ganchir ne del desfandre.

Ocoison: Perc. 7497, Lors ares mellor ocoison
De lui remettre en vos prison.
eb. 9944, De moi laissier ocoison quist.

Painne: Chev. 2876, Et li boens hoem estoit an painne
De cuir vandre et d'acheter pain.
Erec 3062, de mener fu Enide en poinne.

Paor: Perc. 8328, Car j'ai moult grant paor éue
De morir sans confiession.
Plet: Chev. 5345, Einz de lor chevax herbergier
Ne tindrent plet, ne n'an parlerent.
Pooir: Perc. 6097, son pooir fera De li secoire.
 eb. 6931, ... Qu'il ait pooir de relever.
 Erec 5007. 5959. Charr. 1794.
Puissance: Chev. 6599, ... Qu'il fera tote sa puissance
De racorder la mescheance.
 Perc. 7562, Vous juerrés que de la lance
Querre ferés vostre poissance.
Raançon: Erec 1492, ne preissent pas raançon l'un l'autre de se regarder.
Raison: Erec 638, raison aura tote certainne dou desrainier et dou mostrer qu'ele doit l'espreuier porter.
Rien: Chev. 5908, N'i a rien del corjon ploier.
Soing: Erec 2427, n'auoit mais soing de tornoier.
 Chev. 5087, N'ai soing, fet il, de reposer
 eb. 2801. Charr. 2236.
Talent: Perc. 5680, De bien faire a cascuns talent. eb. 8152, 8256. Charr. 91. 5697. 5084. 2231. 1340.
Terme: Charr. 4704, Del' rasanbler n'est pas pris termes.
Tort: Chev. 6345, Trop avez grant tort de ce dire.
 eb. 2001, Quant vostre sires m'assailli,
Quel tort oi je, de moi desfandre?
 Charr. 5986, Molt avomes éu grant tort
De lui despire et avillier.
Volonté: Perc. 8384, ... A ce qu'il ot le brac armé,
Et del férir grant volenté.
 Charr. 5920, Que volentez l'art et esprant
De mostrer tote sa proesce.
 eb. 1340, Qu'il n'a talant nè volanté
D'emplastre querre nè de mire ...

b) Der Infinitiv mit de nach Adjectiven.

Im Altfranzösischen kommt derselbe in ausgedehnterem Masse vor als im Neufranzösischen, da dort nicht selten der Infintiiv mit de in dem Verhältniss eines Dativs steht, wo die jetzige Sprache richtiger die Präposition à anwenden würde, z. B. nach adroit, prest, aparellié, isnel, lent u. a., wie die unten gegebenen Citate aus Chrestien lehren werden.

Recreuz: Erec 6059, onques mais d'armes ne fui las, ne de combatre recreuz.

Pareil: Erec 2260, et de doner et de despandre fu pareilz le roi Alixandre.

Lie: } Perc. 8542, Or serai-jou lie et joiouse
Joious: } D'aler quel part que vos vorrois.

Adroit: Chev. 228, De moi desarmer fu adroite, Qu'ele le fist et bien et bel.

Prest: Perc. 8884, Sire, il i a moult boine garde,
·V· cens, que ars,que arbalestres,
Qui sont tos jors de traire prestes.

eb. 7567, Ensi, fait-il, com vous le dites,
Sui-ge priès del sairement faire.

eb. 551, La dame, a tant l'enfant porté
Qu'ele fu priès del acoucier.

eb. 5325, Ja rien ne sarés comander
Que jou ne soie près del faire.

Charr. 4934, Prez sui de la bataille feire.

eb. 4480, Dame, or sui prez de l'amander.

Apareillié: Erec 5128, si resont tuit apareillié de monter et de chevauchier.

eb. 5883, aparoilliez sui de deffendre.

Perc. 9311, Sire, or n'i a plus que nos sommes
De vos servir aparellies.

Apresté: Erec 6312, de l'issir hors sont apresté.

Entalenté: Erec 4475, Erec le voit entalenté de lui seruir á volonté.

Perc. 3324, Quant on voit home entalenté
De faire trestout son talent.

eb. 6953, Onques de gaengnier destriers
Ne fu mès si entalentés.

Chev. 2328, Que de feire sa volante
Estoient tuit antalante.

Encoragié: Erec 2962, bien sai que cil, qui uiennent ça, sont de mal faire encoragié.

Engrès: Perc. 7314, De prendre Gauwain sont engrès.
Chev. 836, Einz dui chevalier plus angres
Ne furent de lor mort haster.

Isnel: Erec 484, de l'atorner fu mout isneax.
Perc. 9918, Et cil fu de respondre isniaus.

Den Infinitiv mit à belegt *Wulff* p. 34:

Ps. d'O. 13, 6, ignels sunt li piet de els a espandre sanc.

Large: Chev. 6253, Que larges estiez del rendre
Plus, que je n'estoie del prendre.
eb. 4407, Ha! dist il, fame, chose avere
De voir dire et de mantir large!
Lent: Charr. 5894, Lors ne fu mie cele lante
De son message reporter.
Erec 1804, de uoir dire ne soiez lanz.
Perc. 8240, . . . Qui n'estoit lente et couarde
De dire au chevalier grant honte.
Lanier: Perc. 568, Qui n'estoit mie si laniers
De respondre, ainçois fu senés.
Coard: Chev. 1596, Et por coi fust ele coarde
De sa dame reconforter
Et de son bien amonester.
Perc. 5048, Tant est de l'otroier couarde. eb. 8240. (cfr. lent).
Aver: Perc. 7178. Or gardés ne soiés avère
De toute sa volenté faire.
Chev. 4406, (cfr. large).

Kurz sei darauf hingewiesen, dass auffallender Weise bei späteren Dichtern, besonders denjenigen des 16. Jahrhunderts, sich zuweilen der Infinitiv ohne Präposition als Ergänzung zu einem Substantiv oder Adjectiv findet und somit den Genitiv des lateinischen Gerundiums vertritt, eine Eigenthümlichkeit, welche sich im Altfranzösischen nicht zeigt. cfr. Commines a. a. O. p. 214. Marot a. a. O. p. 25. Pierre de Larivey a. a. O. p. 517.

c) Der Infinitiv mit de in dem Sinne eines Genetivs nach einer grossen Anzahl von Verben, transitiven wie intransitiven, von verschiedenen Thätigkeitsbegriffen, auch da, wo der Genitiv eines Substantivs nicht vorzukommen pflegt. cfr. *Diez* III, 233. *Mätzner*, Gr. p. 423, Synt. I, § 221.

α) Transitive Verben:

Chastier: Perc. 2847, De ce, biaus frère, vous casti
De trop parler.
eb. 4473, . . . Que doucement le castia
De trop parler.
eb. 10455, Se jou ·I· mien consel te di,
Del céler moult bien te casti.
Prier: Charr. 140, Del remenoir proier vos vuel.
eb. 2024, . . . Si le prie de herbergier.

eb. 4174. Chev. 2653. 3120. 4054. 4257. 4615
Perc. 2763. 4103. 6552. 6559. 7013. Erec 6455. 6457.

Conjurer: Chev. 2296, Del voir dire molt le conjure.

Conseiller: Perc. 7506, De vostre anemi travellier
Ne vos sai-je mius consellier.
Charr. 942, Sire, mes ostex Vos est ci-près apareilliez
Se del' prandre estez conseilliez.

Mit à und folgendem Infinitiv findet sich dieses Verb bei *Burguy* I, 163:
M. de France II, 273, Mainte femme consselle à feire
Ce dunt miex li vausist retreire.

Servir: Perc. 9613, Si le siert li uns de tallier
Et li autres del vin ballier.

Garder: Perc. 7456, Mais de son cors prendre et blecier.
Por moie honor, le gardrai-gié.
Chev. 6393, Vos estes rois, si me devez
De tort garder et de mesprendre.

Auffällig ist der Infinitiv mit de nach folgenden transitiven Verben mit einem Accusativ der Person, wo er die Stelle eines Substantivs mit à vertritt:

Semondre: Chev. 3414, Si le semont feins et nature
D'aler an proie et de chacier.
Erec 5119, andui de maingier le semonent.
eb. 5266, Guiurez de monter les semont.

Mit ähnlicher Bedeutung haster:
Chev. 5177, Ensi li portiers les semont
Et haste de venir amont.

Acoragier: Perc. 9116, Car je vous ai acoragié
De vostre vie retenir.

Enorter: Erec 4264, encor de remenoir l'enortent li rois et tuit li cheualier.

Engresser: Erec 4746, et li cuens ades l'engressoit par proiere et par menacier de pais faire et de solacier.

β) Intransitive oder in diesem Sinne gebrauchte transitive, besonders reflexive Verben:

Vivre: Erec 22, . . . cil qui de conter uiure uuelent . . .

Savoir: Perc. 8272, Et mesire Gauwains savoit
Plus que nus om de garir plaie.
Charr. 3484, Et de plaies garir savoit.
Erec 5073, i ai deus serors gentes et gaies, qui mout seuent de garir plaies.

cfr. Chev. 6492, ·I· fisicien, que savoit
De mirgie plus, que nus hom.
Charr. 4365, Mès tant cuit-je d'amor savoir . . .

Parler: Perc. 9396, Por çou ne vos covient parler
Ne de kacier ne de berser.
Charr. 1107, Quant j'ai parlé del' remenoir . . .
Erec 6310, de l'aler ou chastel parolent.
Chev. 6158, Et s'antendent, que il parolent
Des deus serors antracorder.

Penser (cfr. *Diez* III, 234):
Perc. 1191, Mais or pensés del essarter
Et del mairien faire aprester.

Pleidier: Charr. 2462, Ne vos covient mie pleidier
De moi herbergier par tançon.

Tencer: Erec 2038, trestuit de ioie faire tencent.

Creindre: Chev. 1514, Qui de la teste perdre crient.
cfr. Perc. 7373, Et cascuns de sa tieste crient.

Dieselbe Gebrauchsweise zeigt sich bei doter:
Erec 5489, et li plusor d'angoisse suent qui plus dotent qu'il ne fait et de sa honte et de son lait.

Einen Infinitiv mit de nach diesem Verb kann ich aus Chrestien nicht belegen.

Soi fier: Perc. 8779, Porai-me-jou fier en toi
De mon ceval garder à foi?
Erec 4758, mout uos poez en moi fier d'onor et de richece auoir.

Soi solacier: Chev. 2447, Si s'i porront molt solacier
Et d'acoler et de beisier
Et de parler et de veoir
Et de delez eles seoir.

Soi esjoir: Chev. 5363, Si se porent molt esjoir
De li bien veoir et oir.

Joïr: Erec 219, il sot bien que dou nain ferir ne porroit il mie ioir.

Soi garder: Chev. 1306, . . . Qu'il se gart de folie feire.
eb. 1320, Mes gardez vos de dire outrage!
eb. 5016, Mes gardez vos de trop tarder!
Charr. 366, Li dit que del' monter se gart.
Perc. 4387, . . . Que de trop parler se gardast.
eb. 5061, . . , Si qu'il se gart del renkéoir.
eb. 6570, Si se doit garder de prison
Et de lui blecier et maumetre.
Erec 4776, gardez uos de moi corrocier.

Soi gueiter, gleichbedeutend mit soi garder:
>Charr. 1216, De tochier à li molt se gueite.

Soi vanter: Erec 825, dou desrainier trop bien me vant.

Soi escondire: Perc. 6997, Mesire Gauwains s'escondist de remanoir.

Soi tenir: Charr. 1664, Tuit de joie feire se tienent.
>eb. 3785, . . . Qu'il se taigne de lui férir.
>eb. 5616, De crier ne se pot tenir.
>Perc. 3049, Por çou de parler se tenoit.
>eb. 4382. 5653. Erec 5554. 3536. 2472. 3065. 1450. 2728.

Ziemlich gleichbedeutend mit soi tenir ist:

Soi soferre: Charr. 953, Mès se vos pleisoit, del' couchier
>Me soferroie-je molt bien.

Soi meller: Perc. 471, Ensi sont les gens de manières: Li un de dosnoier se mellent, Et li autre d'el s'aparellent.

Soi garnir: Chev. 316, Mes je me garni de desfandre,
>Tant que je vi . . .

Soi entremetre: Chev. 4688, Et de lui garir s'antremetent ·II· puceles.
>eb. 6546, Ne troveroiz, qui s'antremete
>De vos eidier a cest besoing.
>eb. 2938. 5422. 5534. 2867. Charr. 27. 223. 1668. Perc. 2211. 3126. 5713. 8247. Erec 1652. 2068.

Noch freier als der Genitiv eines Substantivs steht der Infinitiv mit de auf dem causalen Gebiete nach einer Anzahl von Verben mit der Bedeutung „sich bemühen, sich anschicken, sich beeilen":

Soi travailler: Chev. 4152, De lui bien servir se travaillent.
>Perc. 3122, Li autre molt se travellièrent
>De lor ostel moult aaisier.

Soi aprester (raprester):
>Chev. 4212, De son seignor eidier s'apreste.
>Charr. 2555, Qne toz li miaudres s'aprestoit
>De feire ce qu' à feire estoit.
>eb. 5606, Et li autres se raprestoient
>De faire autres chevaleries.
>Erec 5648, chascuns de monter s'aprestoit.
>eb. 6135, d'Erec desarmer s'aprestoient.

Soi atorner: Erec 1421, Erec s'atorne de l'aler.
>eb. 2880, de desfendre uos atornez, que ie ne uos fiere en fuiant.
>Perc. 2123, Atant dou retorner s'atorne.

eb. 6176, Et mesire Gauwains s'atorne D'aler apriès.
Charr. 4634, Et cil s'aparoille et atorne
De la fenestre desconfire.

Soi aparailler: Perc. 7330, La damoisele s'aparelle
De lui aidier come hardie.
Charr. 3095, Et cil de trespasser le gort
Au mialz que il set s'aparoille.
Erec 3714, souant dou dire s'aparoille.

Soi engresser: Erec 4712, chascuns de demander s'engresse quelx
diax c'est et quex merueille.
eb. 6322, chascuns d'Erec ueoir s'eugresse.

Soi haster: Perc. 2902, D'errer vers le chastel se haste.
eb. 5290, Si me hastai dou revenir.
eb. 8096, Mais hastés-vous del revenir.
Charr. 3318, Li rois se haste del' descendre.
Erec 6395, tant se hasterent dou monter.
Chev. 2376, Einz se haste molt de descendre.

Soi esforcer (resforcer):
Chev. 3044, De li apeler molt s'esforce.
eb. 3873, Mes por vos, tant com nos poons,
Nos resforcons à la foiee
De feire contenance liee.
eb. 5582, Molt s'esvertue et molt s'esforce
De doner granz cos et pesanz.
Perc. 7920, Si s'esforçoit moult de duel faire.

Soi esvertuer: Chev. 889, Mes toz jorz a foir entant
Et cil de chacier s'esvertue.
eb. 5582. (cfr. soi esforcer).

Soi angoisser: Charr. 5634, Trestuit de demander s'angoissent
Qui est cil qui si bien le fet.
Chev. 2251, De tex cos ferir s'angoissierent ...

Pener: Charr. 3420, Puis le fet à ostel mener,
Et prie et comande pener
De lui servir ces qui l'enmainuent.

Soi pener: Chev. 4300, N'i ot nul, qui ne se penast
De lui servir, se jl volsist.
eb. 4544. 6495. 2675. 1322.
Charr. 2657, Li un de lui armer se painnent.
eb. 2492. 3553. 4456. 4759. Perc. 5237. 9941. Erec 5921. 6422.
1884, 6710. 2391, 6332. 6776.

Soi arguer ist gleichbedeutend mit soi pener:
Erec 4844, chascuns de tost fuir s'argue.

Mit derselben Bedeutung habe ich auch einmal Soi estrengler gefunden:

>Charr. 5758, Ensi tote nuit se dégenglent
>Cil qui de mal dire s'estrenglent.

Esploiter: Chev. 4929, Et ele de l'errer esploite
>Vers le chastel la voie droite.
>eb. 2988, Et tant sa garison covoite,
>Que de l'oindre par tot esploite.

Soi esploiter: Perc. 7902, D'errer vers le kaisne s'esploite . . .

Soi lasser: Charr. 2656, Et cil del' tost feire se lassent.
>Perc. 9626, De faire joie tuit se lassent.

Soi faindre mit der Negation „sich eifrig bemühen":
>Chev. 3642, Voirs est, que je ne me fains mie
>De vos eidier an boene foi.
>eb. 3267, . . . Qui de lui suidre ne se faint.
>Perc. 1558, Et li vallés ne s'est pas fains
>De retorner à son manoir.

Auch das neufranz. feindre findet sich in dieser Weise verwendet.

Soi saouler: Perc. 9455, . . . C'on ne se pooit saouler
>De ses paroles escouter
>Ne de véoir sa bièle cière.

Soi refaire „sich an etwas delektiren":
>Erec 2081, li buil d'esgarder se refont.

Faillir „verfehlen":
>Erec 4954, et s'il i a nul qui m'essaille,
>de ioster ne li faudrai pas.

Dieselbe Gebrauchsweise zeigt sich bei
>Commines 4, 13, il ne faudroit pas de le tuer ou le mener prisonnier.

(*Stimming* a. a. O. p. 216).

Einige Verben mit der Bedeutung „zögern, nachlassen, aufhören":

Soi tarder: Chev. 4501, Et li lyons, qui ce esgarde,
>De lui aidier plus ne se tarde.
>Perc. 9485, Quant mesire Gauwains l'esgarde,
>D'aler encontre ne se tarde.

Soi delaier: Charr. 1056, Del' querre plus ne se delaie
>Por le covant que il li ot.
>Erec 3836, et cil dou dire se delaie.

Séjorner: Perc. 9006, Et li notouniers ne séjorne
De monter sor son palefroi.

Soi demorer: Chev. 2135, Que molt est fos, qui se demore,
De son preu feire, une seule ore.

Recroire: Chev. 618, Leingue, qui onques ne recroit
De mal dire, soit maleoite!
Erec 5568, ie uos loeroie à recroire de demander chose si grief.

Soi recroire: Perc. 6983, Ains seroie kenus et blans, Amie, que
jou me recroie De vos servir où que je soie.

Reposer: Erec 3268, mais li cuens onques ne repose de l'esgarder
de l'autre part.

Cesser: ⎱ Erec 6120, nuns ne cesse, ne ne repose de ioie faire ne
Reposer: ⎰ de chanter.

Soi reposer: Charr. 5321, Del' dire huimès vos reposez,
Qu' à moi nule chose n'an monte.

Mit ähnlicher Bedeutung:

Soi fraindre: Erec 6260, onques encor ne me soi fraindre de lui
amer, ne ie ne doi.

4) Der Infinitiv mit de steht in einem sehr losen Zusammenhange mit dem Prädikate als Vertreter eines Causal- oder auch Temporalsatzes in folgenden Stellen aus Chrestien:

Chev. 1168, Et li clerc, qui sont despanssier
De feire la haute despansse.

eb. 3747, . . . Ou vos despisiez le confort,
Que je vos faz de vos eidier.

eb. 90, Enuieus estes et vilains
De tancier a voz compaignons.

Charr. 4180, De li ocirre est si estoute
Que sovant se prant à la gole.

Chev. 1148, Mes de duel feire estoit si fole,
Qu'a po, qu'ele ne ⁊s'ocioit.

Charr. 1996, Del' retorner a fet grant san.

eb. 692, Del' prandre ne puis estre sages,
Je ne sai preu le quel je praigne.

Charr. 958, De l'otroier li cuers li dialt.

Erec 5083, ne furent pas de logier coi,
Mais petit trouerent de qoi.

eb. 6418, la roine ne rest pas coie
d'Erec et Enide acoler.

eb 6412, li rois les uoit et la roine, qui desuoit
d'Erec et Enide ueoir.

B. Der Infinitiv mit A.

1) Der Infinitiv mit à erscheint, abweichend vom Neufranzösischen, als logisches Subject:

a) bei estre mit einem Substantiv:
>Perc. 8822, Car n'i est pas li vostres biens
>A demorer en cest rivage.
>Charr. 4689, Au lever fu-il droiz martirs.

b) bei estre mit einem Adjectiv:
>Charr. 3115, Si li estoit à sofrir dolz.
>Perc. 3581, Et moult sera légier à faire.

c) bei unpersönlichen Verben:
Convenir. a) Mit dem grammatischen Subject il:
>Chev. 5461, En cest chastel a establie
>Une molt fiere deablie,
>Qu'il me covient a maintenir.
>Perc. 8496, S'est ore ensi qu'il t'en covient
>A soufrir çou que t'en ferai.

b) Ohne grammatisches Subject:
>Chev. 3681, Si me covint d'un chevalier
>Encontre trois gage a baillier.
>Perc.ʳ 377, Puisque j'en sui entrés en paine,
>Si le me covient à conter.
>Charr. 1893, Car ·VII· homes molt forz et granz
>J covandroit au descovrir,
>Qui la tonbe voldroit ovrir.
>eb 1897, Et sachiez que c'est chose certe,
>Qu'au lever covandroit ·VI· homes
>Plus forz que moi nè vos ne somes.
>eb. 2099, Que nul estrange ça ne viennent
>Qu' à remenoir ne lor covaingne.
>eb. 3742, ... De tant que si près li menoit
>Qu' à remenoir li covenoit.

Weitere Beispiele für diesen Gebrauch geben *Lachmund* p. 18 aus
>Garin le Loherain II, p. 43, de la terre le covient à issir.
>Trist. I, p. 35, jusqu' à Carduel vos covenra à chevauchier.
>Alexis 83, tei covenist helme et bronie à porter.

Wulff p. 66 aus:
>Roland 456, me l'cuvent à suffrir.

Gullberg p. 39 aus:
>M. de France II, 95, Si li cuvient à returner. eb. II, 279.

Dieses Verb findet sich aber auch schon im Altfranz. mit de und folgendem Infinitiv:

>Gar. le Loherain p. 130, que son escu li covint de guerpir.
>eb. p. 177, les arçons li covint de guerpir.

(cit. v. *Lachmund* p. 18).

Estovoir. Ohne grammatisches Subject:

>Chev. 2773, Rant li! qu'a randre le t'estuet.
>Charr. 2102, Car qui se vialt antrer i puet
>Mes à remenoir li estuet.

Ebenso

>Gar. le Loherain III, p. 169, n'estuet à demander.

(cit. v. *Lachmund* p. 18).

Besoigner. Ohne grammatisches Subject:

>Charr. 4770, Puis qu' dire le me besoigne.

Plaire. a) Mit dem grammatischen Subject il:

>Chev. 3828, Ice pleiroit vos il a dire.
>eb. 4577, Li pria mot, qu'il li pleust à sejorner.
>eb. 4663, Se il vos i plest a descendre.
>Perc. 1723, s'il vous plaist à retenir.
>Erec 3139, s'il uos plait à desieuner.

b) Ohne ein grammatisches Subject:

>Chev. 33, Por ce me plest a reconter Chose.
>Perc. 4796, Por çou li plaist à converser.
>Charr. 1545, Et porce li plest à haster.
>Erec 3133, se vos plait un po à mengier.
>Chev. 1991. 430. Perc. 9383. Charr. 5955. Erec 3878. 4737.

Diese vier unpersönlich gebrauchten Verben haben wir oben bereits mit reinem Infinitiv kennen gelernt; folgende dagegen lassen sich bei Chrestien nur mit dem Infinitiv mit à belegen:

Aferir. Mit dem grammatischen Subject ce:

>Perc. 10571, Diva, fait l'autre, à vos c'afiert
>A parler del consel le roi?

Deliter. Ohne grammatisches Subject:

>Chev. 242, Que molt m'i delitoit a estre.

Anoier. Ohne grammatisches Subject:

>Perc. 3227, Itant à dire vos anoie.

Resanblier bien. Ohne grammatisches Subject:

>Chev. 2106, A cest mot dient tuit ansanble,
>Que bien a feire lor resanble.

Charr. 3929, En moi, fet li rois, ne remaint
Que bien à feire me resanble.

Sanbler mit einem prädikativen Substantiv, aber ohne grammatisches Subject:

Charr. 4370, Mès ami verai me clamast, Quant por li me sanbleit enors A feire quanque vialt amors, Nès sor la charrete monter.

Geläufig ist im Altfranz. das unpersönliche Venir mit folgendem à vor einem Infinitiv:

a) Mit dem grammatischen Subject il oder ce:

Chev. 1690, Se il vos venoit a pleisir.
eb. 3831, s'il vos vient a pleisir.
Charr. 5276, Et quant ce vint a l'ajorner.

b) Ohne grammatisches Subject:

Charr. 2497, quant vint au dessevrer.
eb. 4466, Puis parlèrent à lor pleisir
De quanque lor vint à pleisir.
eb. 2108, se Deu vient à pleisir.
Perc. 1017. 4518. Erec 5241.

Prendre. Mit dem grammatischen Subject il:

Erec 2471, quant il l'en prist à souenir,
De parler ne se pot tenir.

Ebenso

Roland 2377, De plusurs choses à remembrer li prist.

2) Der Infinitiv mit à entspricht einem Accusativ.

a) Zuerst sollen diejenigen Verben angeführt werden, welche wir oben zum grössten Theil schon als solche mit reinem Infinitiv kennen gelernt haben und wo die Präposition à sich als meist bedeutungsloses Element anfügt:

α) Hülfsverben des Modus:

Savoir: Chev. 389, Je ne te sai a dire, quel.

Weitere Beispiele giebt *Lachmund* a. a. O. p. 7:

Perc. 33802 (Forts.), Tout çou que vous a demander me vorriés.
Guill. d'Angleterre 2178, nesuns n'en osoit à dire.

β) Die Verben der Willensäusserung:

Aimer mieux. Hiernach lässt Chrestien den ersten Infinitiv mit der Präposition à, den zweiten ohne Präposition folgen:

Charr 4101, Mes uns toz seuz ne n'i remaint,
Qui mialz n'amast à retorner
An son païs que séjorner.

Denselben Gebrauch finden wir bei
M. de France II, 445, Si melz amez à remaner, K'arière aler.
(cit. v. *Gullberg* a. a. O. p. 38).

Beide Infinitive sind mit à verbunden:
Mätzner, Altfranz. Lieder IX, 27,
Saim mieus tot a endurer Ka perdre ma douce paine.

Beide Infinitive stehen ohne Präposition:
eb. XVIII, 23, Mais jaim miex pour noient servir A li et morir en amant Que de toutes autres joir. eb. XXII, 18. XXVI, 40.

Désirer: Charr. 3673, . . . Que plus désirroit à veoir
As loges de la tor séoir.
Chev. 3841, Einz le desir molt a savoir.
eb. 6310, Et molt desirrent a oir.
Perc. 5869, Et l'acointance de nos deus
Désiroie moult à savoir.
eb. 5840, Mais or désir moult et covoit
A savoir ke vos vorrez faire.

Covoiter: Perc. 5840. (cfr. désirer).

Doter (redoter): Perc. 2488, Qui, por ses armes gaengnier,
Nel doutera à mehagnier.
Chev 1593, La dameisele estoit si bien De sa dame, que nule rien
A dire ne li redotast. eb. 1900, Rien nule a feire ne redot.

γ) **Die Verben des Veranlassens und des Zulassens:**

Commander: Chev. 143, ce m'est molt grief.
Que vos me comandez a feire.
Perc. 562, Son ceval comande à tenir.
Charr 6125, Là comanda la pierre à traire
Et le merrein por la tor faire.
Erec 2606, se li commande à enseler son riche palefroi Norrois. eb. 2613. 3640. Perc. 591. 7071. 7734. Chev. 200. 725. 1988. 3960. 3963

Loer: Perc. 8180, Ne t'en loc pas à entremetre.
eb. 8669, Pour çou te loc-jou à descendre.
Erec 1213, quant ie uos loai à atendre.
eb. 5568, ie uos loeroie à recroire
de demander chose si grief.

Otroier: Chev. 2043, Que mari a prendre m'otroient
Por le besoing, que il i voient.

Endurer: Erec 6330, dex saut le plus bieneuré que dex à faire ait enduré.

δ) Verba Sentiendi.

Aus Chrestien's Werken kann nur ein Beispiel gegeben werden:

Esgarder: Perc, 5145, La pucele de paor tramble,
Qui au combatre les esgarde.

Weitere Belege führt *Lachmuud* a. a. O. p. 15 an:
Trist. I, p. 174, tuit cil qui l'oient à parler. Perc. (Forts.) 11378, ciaus qui les esgardent et à combatre et à tirer. eb. 17927.

ε) Verba Declarandi.

Prometre und das ziemlich gleichbedeutende

Otroier: Erec 652, mais je uos pramet et outroi ... à l'espreuier conquerre.
Charr. 177, La reine que je voi ci
M'avez otroiée à bailler.

Fiancer: Charr. 908, Mès einçois me fianceras
A tenir, là où ge voldrai, Prison.

Jurer: Perc. 125, Tuit jurèrent communaument A garder efforciement Les pucièles ... Et à destruire le lingnage De çaus ki lor fisent damage.

Menacer: Chev. 5314, Qu'il nos menace a mahaignier Des manbres.

b) Der Infinitiv mit à nach mehreren transitiven Verben, von welchen die meisten in der Anwendung dieses Infinitivs mit dem neufranzösischen Gebrauche übereinstimmen:

Avoir: Perc. 3880, tant com il ait à vivre.
Charr. 2421, Molt a à feire et molt a fait.
Erec 3265, assez ai, dit il, à despendre.
Chev. 5831, Que trop i avroit a conter. eb. 4294. 4704. 5495. 5852. 5941. 5846. Perc. 7873 8376. 8773. 4708. Charr. 1483. 2802. Erec 205. 3484. 3735. 6048. 6093.

Donner: Perc. 587, Et si li dona à mangier.
eb. 1685, A mangier, fait-il, me donés.
Charr. 6141, Si li donoit l'an à mangier.

Aporter: Chev. 1042, A mangier li aporteroit.

Offrir: Chev. 1049, Si li a a mangier osfert Cele ...
eb. 4046, Lors li ofre a doner del suen Li sires.

Taster: Erec 5108, amis, fait il, or en tastez à mangier.

Enseigner: Erec 6693, Macrobe m'enseigne à descriure.
Aprendre: Charr. 5573, Nostre mestre an fu li hyra
Qui à dire le nos aprist.

Dagegen habe ich avoir apris mit der Bedeutung „gewöhnt sein" bei Chrestien mit reinem Infinitiv gefunden:

Chev. 3570, Tant com li hom a plus apris A delit et a joie vivre, Plus le desvoie et plus l'enivre Diax, quant il l'a, que un autre home.

Dieselbe Gebrauchsweise zeigt folgende Stelle bei *Mätzner*, Altfranzösische Lieder VII, 13,

car cil ki a apris Estre envoisies et cantans et jolis A pis asses, quant sa joie est faillie, Que cil qui muert tout a une foie.

Aparellier: Perc. 582, Faites li tost aparellier A disner.

Querre und Requerre sind gleichbedeutend mit neufranz. demander „verlangen":

Perc. 9168, Que plus ne quier à demorer.
Perc. 78, ... Por nul home ki i venist
Et à mangier i requésist.

Einmal kann ich statt des Infinitivs bei Chrestien auch ein sächliches Substantiv mit der Präposition à belegen:

Erec 2799, le palefroi uuil ie auoir, et uos aiez tot l'autre auoir. ia plus n'en quier à ma partie.

Gewöhnlicher ist nach diesen Verben der Accusativ der Sache. (cfr. *Diez* III, 132).

Establir: Perc. 10469, Car en la chité d'Orcanie
A li rois sa court establie
A tenir à la Pentecouste.

Enprandre: Chev. 2033, „Et oseriez vos enprandre
Por moi ma fontainne à desfandre?"
Charr. 2, Puis que ma dame de Chanpaigne
Vialt que romans à feire anpraigne...

Commencer: Erec 4580, ses crins commence à detirier. Perc. 2322, Yonès en comence à rire. eb. 2666. 2930. 5562. 5625. 5880. 8436. 9269. 9985. 10024. Charr. 756. 85. 1394. 1462. 1596. 1864. 2077. 2087. 2441. 3764. 5092. 5159. 5623. 5735. 5859. 5906. 5971. Erec 1311. 2479. 2874. 3329. 4635. 4650. 5177. 5546. Chev. 488. 1070. 1155. 3050. 3388. 3452. 3501. 3812. 4053. 5518. 6451.

Ausnahmsweise habe ich bei Chrestien einmal in dem vorliegenden Texte nach commencer den reinen Infinitiv gefunden:

    Erec 6231, ainz ne uox rien qu'il ne vousist, tant que amer me commença.

Den nämlichen Gebrauch belegt einmal *Wulff* a. a. O. p. 69 aus

    Livres des Rois 69 M., cume Jonathas cumenchad enamer David.

Encommencer: Erec 3617, bien aperçoit que mauuaise oeure auoit encommencié à faire.

    Chev. 2695, Quant Yvains tant encomanca a panser.

    eb. 4126, Et lors li ancomance a dire Mes sire Yvains.

Prendre ist gleich dem neufranz. se prendre à:

    Perc. 10025, Et cil le prist à rapiéler.

    Erec 2902, et si la prent à menacier.

    eb. 2642, li seriant et li cheualier se pernent tuit ù (= à) meruoillier.

    Charr. 1130, Adonc se prist à retenir.

Lessier „unterlassen" hat im Altfranz. den Infinitiv stets mit à nach sich:

    Chev. 138, Ne por lui ne lessiez a dire Chose . . .

    eb. 5428, . . . Que rien a feire ne li lest . . .

    Perc. 6281, Celui laissa-on à murer.

    eb. 7599, Et pour çou ne laissa il mie
    A requerre chevalerie.

    Charr. 1826, Et cent dahez ait qui mèshui
    Lessera à joer por lui.

    Erec 6181, . . . qu'ele pas lest son duel à faire.

    eb. 6276, mais à reconter le uos lais.

3) In folgenden Fällen nimmt der Infinitiv mit à im Allgemeinen das Gebiet des Dativs ein und vertritt zugleich auch das lateinische Gerundium mit ad, sowie das Supinum auf u (cfr. *Mätzner*, Gr. p. 424):

a) Der Infinitiv mit à steht nach mehreren Verben mit dem Begriffe der Bestimmung und des Zweckes, nach welchen für den Infinitiv auch der Dativ eines Substantivs eintreten kann:

Entendre: Chev. 888, Mes toz jorz a foir entant.

    eb. 3800, Et a lui desarmer entandent.

    eb. 5200, Qu'eles n'antendent a rien feire.

    Perc. 3734, A la nef descargier entendent.

eb. 1138, Tant ont entendu al errer...
eb. 1831, S'a au cevaucier entendu Tant ...
Perc. 4489, S'entent au boire et au mangier.
Erec 2205, Erec ne uoloit pas entendre à cheuax ne cheualiers prendre. eb. 11. 4127. 6659. Perc. 6584. 6439. 9020. Charr. 3317.

Mit ähnlicher Bedeutung findet sich bei Chrestien:

Penser: Erec 11, doit chascuns penser et entendre à bien dire et à bien aprendre.

Pener: Erec 5150, à lui garir ont mout pené ses serors, cui il en pria.
Perc. 478, Crestiïens qui entent et paine ...
A rimoier le mellor conte.

Baer: Perc. 2217, Et, dès que il li ait proumis,
Si bée à la promesse avoir.

Soi travailler und retravailler:
Perc. 900, Mais ce saciés-vous bien sans fale
Qu'al grant duel faire se travalle.
Charr. 1648, Et au luitier se retravaillent.

Gleichbedeutend mit dem letzten Verbum ist:

Soi essiller: Chev. 704, Qui a enor feire s'essille.

Soi destiner: Perc. 9314, ki se destinent
A lui siervir et honourer.

Juger: Perc. 1777, Et si i fu jugiés a tort
En la crois et à soufrir mort.

Gleich an dieser Stelle glaube ich am besten den Infinitiv mit à nach einigen Verben zu erwähnen, deren Begriff einen Zweck oder die Richtung nach einem Ziele in sich enthält. Es sind solche Verben, die wir oben bereits als unpersönliche kennen gelernt haben und sich mit einem persönlichen oder sächlichen Subject nur vereinzelt finden:

Plaire: Perc. 9318, Que moult li plaisent à veoir.
Chev. 139, Chose, qui nos pleise a oir.
Perc. 7587, Del errer ne de duel qu'il font
Riens plus à dire ne me plaist

Convenir: Chev. 1887, N'est riens, qu'ele ne li acroie, Qui coveigne
a lui acesmer.

Loisir: Erec 5588, c'est une chose qui nos loist à repantir et à retraire.

Venir drückt fast pleonastisch ein Gelangen zu etwas aus (cfr. *Diez* III, 238):

> Charr. 3046, S'atant ne vos an retornez
> Au repantir vanroiz à tart.
> Erec 2526, mais tart uenroiz au repentir, se uoir ne me reconoissez.
> eb. 8, tost i puet tel chose taisir qui mout uenroit bien à plesir.
> eb. 6146, que la ioie que là neoit, ne li uenoit mie à plaisir.

b) Der Infinitiv mit à nach mehreren Verben, wo er die Thätigkeit gleichsam als Gegenstand bezeichnet, bei welchem verweilt wird:

> Aider: Perc. 8201, Si vos aiderai à monter.
> eb. 8415, Puis si li aidiés à monter.
> Charr. 1008,... Que il li eidast à descendre.
> Erec 5040, et ie uenoie à grant besoing por i aidier à deliurer.
> eb. 5509, et li cort aidier à descendre.

Metre bedeutet soviel wie das neufranzösische passer (le temps) „zubringen":

> Erec 2658, trop a mis à li atorner.
> Charr 3670, Quant Lanceloz s'oi nomer
> Ne mist gaires à lui torner.

> Reposer: Perc. 2814, As dras vestir plus ne repose.

> Sejorner: Chev. 4154, A lui armer n'ont sejorne
> S'a tot le moins non, que il porent.
> eb. 3214, Mes au ganchir petit sejorne.

> Tarder: Chev. 2895, Au reconoistre molt tarda.

> Demorer: Chev. 2523,... Et plus se tient en sa valor,
> Quant plus demore a alumer.
> eb. 2912, Ne sai, qu'alasse demorant
> A conter le duel, qu'ele an fist.

Soi déporter, gleichbedeutend mit dem neufranzösischen se divertir:

> Charr. 3396, Sui prez c'orandroit me déport
> A cos doner et à reprandre.
> eb. 5974, Que il n'est hom qui armes port
> Qu' à lui véoir ne se déport.

c) Der Infinitiv mit à nach einigen Verben der Bewegung, um den Begriff der Absicht oder des Zweckes hervorzuheben:

Venir: Chev. 198, Ne l'oi mie bien salue,
Quant il me vint a l'estrie prendre.
eb. 2373, Li rois, qui vers lui voit venir
La dame a son estrie tenir.

Diese Gebrauchsweise zeigt sich noch einmal bei Commines 4, 10, faire venir son maistre jusques à Amiens... à faire bonne chère. (cit. von *Stimming* a. a. O p 217).

Saillir: Charr. 2535, Au desarmes les filles saillent.
Movoir: Charr. 5603, Li josteor au joster muevent.
Mener: Perc. 6650, Mercéans est, si maine à vendre Cevaus.
eb. 6440, Tos ces chevaus maine il à vendre.
Amener: Chev. 5929, le chevalier, qu'ele avoit
Amene a son droit conquerre.
Porter: Perc. 3714, Marcéant somes, Qui vitalle à vendre portomes,
Pain et vin...

d) **Der Infinitiv mit à als prädicative Bestimmung.** Diese Construction ist einigermassen mit der des lateinischen Gerundiums mit ad zu vergleichen (cfr. *Mätzner*, Gram. p. 425; Synt. I. § 225).

α) Nach Estre:
Chev. 418, Del plus fin or, qui fust a vandre.
eb. 1689, Or soit a vostre boen eur
Qui vos en est a avenir.
eb. 2588, Qui ne set, qu'est a avenir.
Charr. 2556, ce qu' à faire estoit.
Perc. 2961,... Ne riens nule ki fust à vendre.
Erec 3320, mieuz ameroie je, fusse a nestre.
eb. 6254, se n'est or pas à esprouer
ne d'onor ne de uasselage.
eb. 6737,... de rien qui à faire li soit.

β) Nach Faire, welches in dieser Verwendung im Altfranzösischen sehr gebräuchlich ist (cfr. *Diez* III, 239, *Burguy* II, 167):
Chev. 34, Chose, qui face a escouter.
eb. 1251, .. nelui Qui de rien an face a mescroire.
eb. 5578, Molt font lor cop a redoter.
Charr. 664, Bien fet à refuser cist (sc. pont) mès.
eb. 4841, Est si cortois et si léax
Que il n'an fet mie à mescroire.

Perc. 2857, Car ne fait mie à desdagnier.
eb. 7472, Ce ne fait mie à mervellier.
eb. 7486, Que ce ne fait mie à celer.
eb. 9101, je ne voi Caiens nule cose por coi
Li palès face à redouter.
eb. 1722, ·I· sens vos voel aprendre,
Et si fait moult bien à entendre.
Erec 729, se l'ernois à parler ne fait.
eb. 1757, bien fesoit Erec à entendre.
eb. 5475, et mout fait ta beautez à plaindre.
eb. 1214, por ce fait bon consoil à prendre.

γ) Nach *Remanoir*, gleichbedeutend mit dem neufranzösischen rester:

Charr. 3599, Qu' il n'i remest peitrax ne cengle... A rompre.
Erec 4578, de robe ne li remest poinz deuant son piz à dessirier.

e) Der Infinitiv mit à nach Hauptwörtern als attributive Bestimmung im Sinne eines lateinischen Gerundiums mit ad (cfr. *Mätzner*, Synt. I. p. 488. Gram. § 185).

1. „Das durch den Infinitiv bestimmte Hauptwort ist weder das Subject noch das Object der durch den Infinitiv ausgedrückten Thätigkeit":

Hier ist zuerst der Infinitiv mit à nach solchen Hauptwörtern anzuführen, welche in Verbindung mit einem Verbum im Allgemeinen mit den unter 3a und 3b (cfr. p. 48 ff.) erwähnten einfachen Verben sinnverwandt sind. Ich führe Beispiele aus Chrestien an:

Chev. 4809, Qui met sa poinne a conseillier
Celes, qui d'aie ont mestier.
eb. 4820, A li retenir mistrent painne.
eb. 6723, Et metez force et poinne et san
A la pes querre et au pardon.
Perc. 2823, Cascuns ki avenir i pot
A lui armer a la main mise.
eb. 7571, Et il a le sairement fait
Que il metra tote sa paine
A querre la lance qui saine.
Erec 6691, qui ou descrire mist s'entente.
Chev. 483, N'a monter demore ne fis.
Erec 5304, au taillier plus de set ans mist.
Charr. 870, Quant il si longue pièce a mise
A conquerre un seul chevalier.

Der Infinitiv mit à steht ferner im Altfranz. nach beliebigen Hauptwörtern, und erscheint so oft in loser Verknüpfung mit dem Hauptworte:

>Charr. 2561, Si donent l'ève as mains laver.
>Perc. 4501, Et li serjans aparellièrent
>   Et herbes et fruit au coucier.
>Charr. 993, Trovèrent deus bacins toz plains
>   D'ève chaude à laver lor mains:
>   Et de l'autre part ont trovée
>   Une toaille bien ovrée,
>   Bele et blanche, as mains essuier.
>Chev. 2144, Einz li esmuevent et soulievent
>   Le cuer, a feire son talant.
>Perc. 3749, Cil garçon alument les feus
>   Es quisines, au mangier quire.
>Chev. 6488, Car a lor plaies resener
>   Ont mestier de mire et d'antret.
>eb. 6686, A vos feire enor et servise
>   Criem, que pooirs ou tans me faille.
>eb. 6690, Qu' assez avroiz pooir et tans,
>   A feire bien moi et autrui.
>Erec 4357, prie deu moult doucement que il... li doint force à desconfire ces..
>Chev. 3181, Et vit la meslee et l'asaut
>   Au pas desresnier et conquerre.
>eb. 4708, Et l'autre dist, que ele iroit
>   A la cort le roi Artus querre
>   Aide a desresnier sa terre.

2) „Das durch den Infinitiv bestimmte Substantiv ist zugleich das Subject der durch den Infinitiv ausgedrückten Thätigkeit":

>Chev. 1888, Fermail d'or a son col fermer.
>Charr. 1731, Sui j'anfès à espoanter?

3) „Das Substantiv erscheint als das Object des Infinitivs":

>Perc. 4460, Vins clers et aspers ne lor faut
>   A coupe d'or souef à boire.
>Erec 251, tant que ie puisse armes trouer ou à loier ou à prester.
>Chev. 5418, A vestir desor sa chemise
>   Li a baillie un nuef sorcot.

Charr. 2537, Desarmé sont puis si lor baillent A afubler deus corz mantiax.

Perc. 9326, Ma dame vos envoie A viestir, ains qu'ele vos voie, Ceste reube.

f) Der Infinitiv mit à nach folgenden Adjectiven im Sinne des lateinischen Gerundiums mit ad oder des Supinums auf u, in welchem letzteren Falle der Infinitiv passive Bedeutung hat:

Apareilliet: Chev. 162, Se li cuers n'est si esveilliez Qu' au prendre soit apareilliez.
eb. 5892, Et j'ai este apareillie... A desresnier ce, qui est mien.

Roide: ⎱ Charr. 4602, Ne véez-vos com cist fer sont Roide à ploier
Fort: ⎰ et fort à fraindre?

Beax: Erec 5415, li nons est molt beax à nomer.

Grief: eb. 5416, mais molt est grief à escouter.
Perc. 8754, Amis, cis fiés Me seroit à rendre trop griés.

Greveus: Chev. 2525, An puet tel chose acostumer, Qui molt est greveuse a retrere.

Dous: Perc. 16, S'orés le conte deviser
Qui moult ert dous à escouter.
Chev. 2516, Et plus est dolz a essaier
Uns petiz biens, quant il delaie...

Légier: Perc. 1481, Vallet, c'est à dire légier.

g) Der Infinitiv mit à drückt ein temporales Verhältniss aus. In diesem Falle sind die Infinitive der intransitiven Verben stets, die der transitiven Verben mit einer Ausnahme (cfr. p. 56: Perc. 3820) von dem Artikel begleitet:

Chev. 5791, Au partir totes li anclinent.
Perc. 1136, Qui au partir grant duel menèrent.
eb. 6540, Et au partir refiancèrent...
eb. 6710, Au partir vit de l'autre part
Sa petite fille venant.
Charr. 6040, Au partir del'tornoiemant
Le quièrent et demandent tuit.
Perc. 786, Que à lor movoir, por voir, fui.
Charr. 215, Au départir si grant duel firent.
eb. 2437, Au départir tuit li cheitif...
Environ le chevalier vindrent.

Charr. 4716, Au départir a soploié.
eb. 5707, Au départir i ot grant plet.
Erec 1451. 1436. 1466. 6360.
Charr. 2510, A l'issir une meison virent
   A un chevalier.
Erec 5518, a l'entrer ont tuit molt loé le bel semblant le roi Eurain.
Chev. 6100, A l'asanbler lor lances froissent.
eb. 3088, Qu'ele dira, que au passer
   Del pont ensi li meschei.
Charr. 214, Qui au monter fu près de li.
Chev. 576, Au revenir por fol me ting.
eb. 3520, Mes sire Yvains... se pesma,
   Au revenir molt se blesma.
Charr. 5483, Dame, tote celi (sc. amor) que j'ai
   Vos doing-je, voir, au revenir.
eb. 5691, Se fu si forz à son venir.
Erec 3653, au desbochier d'un plaissiez trouerent un ponz torneiz.
eb. 2261, au repairier de cel tornoi ala Erec parler au roi.
eb. 3813, au retraire est li branz brisiez.
eb. 4586, au releuer mout fort se blasme.
Charr. 4728, Que au traire les fers del' mur
   De la fenestre se bleça.
eb. 2523, Il descendent; et au descendre
   La dame fet le chevax prendre.
Chev. 2709, Que nus ne fu a son descendre.
Perc. 9639, A son lever fu Clarissans.
Erec 5636, a son lever li enuoia armes.
Chev. 4239, Ne cuit, que graindre esfrois feist,
   Que li jaianz fist au cheoir.
Charr. 960, Molt aura au couchier tristesce.
Perc. 3262, A l'ajourner s'en retourna
   La pucele en sa cambre arrière.
Charr. 2982. 3499.
Perc. 9633, Et l'endemain, à l'esvellier.
Erec 3072, à l'anuitier lor ostel pristrent.
eb. 4880, ocis fu li cuens au maingier.
Perc. 9607. Chev. 5430.
Charr. 2071, Si fu bien serviz au soper.
Chev. 2615, Molt ont plore au congie prendre.
Charr. 5287. Erec 5219. 6357. 5257.
Erec 1435, grant ioie ont fait au conuoier.
Chev. 5277, Et devise fu au jurer, que...
eb. 6624, A l'eschevir del seiremant
   Rien de son preu n'i oblia Cele...

eb. 163, Car s'il le puet au son oir Prendre...
Perc. 8773, Averiés moult à faire au prendre,
S'il se voloit vers vos desfendre.
eb. 3820, A lui armer moult grant duel ot.

Endlich will ich noch auf den bekannten Fall hinweisen, dass jusque, so wie es zu dem Dativ eines Substantivs treten kann:

Charr. 5704, Ensi tote nuit jusqu'au soir.

auch mit dem Infinitiv mit à verbunden wird:

Perc. 6488, Tote jor jusqu' à l'ensiérir.
Charr. 5660, jusqu' à lanserir (l. l'anserir).
eb. 2494, Et molt très-grant joie li firent
Tote la nuit jusqu'au couchier.
Chev. 5832, Tot vos trespas jusqu'au monter
L'andemain, que il s'an partirent.

C. Der Infinitiv mit Por.

Ein Schwanken, welches wir bei Chrestien mehrere Male in dem Gebrauche von de und à beim Infinitiv gefunden haben, lässt sich auch ganz besonders in der Anwendung von por und à, seltener von por und de constatiren, was die folgenden Beispiele aus Chrestien noch näher zeigen werden.

1) Zumeist dient der Infinitiv mit por im Allgemeinen zum Ausdruck des Zweckes:

a) nach Verben:

Soi atorner: Erec 1426, ni remest chevaliers ne dame qui ne s'atort
por conuoier la pucele.
Chev. 2082, N'est jorz, que li rois ne s'atourt..
Por venir noz terres gaster.

In gleicher Weise:

Soi afaiter: Erec 2624, por armer s'atorne et afaite.
Soi aprester: Erec 2567, por cheuauchier uos aprestez.

Soi atorner und soi aprester haben wir schon mit de und folgendem Infinitiv kennen gelernt (cfr. p. 38).

Penser: Perc. 870, Deveriés tout adiès penser
Por lui servir et honorer
Et prendre en bone volonté.

Der Infinitiv mit à nach diesem Verbum findet sich Erec 11, (cfr. p. 49).

Querre: Chev. 1095, Que dedanz celui troveroient,
Que il por ocirre queroient.
eb. 1554, Comant puet donc boen siegle avoir,
Qui voit, qu'an le quiert por ocirre?

Soi afficier ist gleichbedeutend mit soi esforcer:
Perc. 9889, Si s'est por salir afficiés.

Séjorner: Perc. 5367, Lui méismes moult volentiers En menroit-il por séjorner Por garir et por atorner Ses blecéures et ses plaies.

In dieser Bedeutung „verweilen bei" wurde dieses Verb (p. 50) mit à und folgendem Infinitiv belegt, in der Bedeutung „zögern mit" haben wir den Infinitiv mit de vorgefunden (p. 41).

Ausserdem steht der Infinitiv mit por nach den Verben der Bewegung, um, wie oben (p. 50) der Infinitiv mit à, den Begriff der Absicht hervorzuheben.

Venir: Erec 5040, et ie uenoie à grant besoing por i aidier à deliurer.
Chev. 4400, Venuz estes por moi desfandre,
Perc. 2269, Vint vers lui por ses armes prendre.
Charr. 5782, Qui venuz est an ceste terre
Por pris et por enor conquerre.
eb. 2715. 2798. 3430. 5605. Perc. 62. 2279. 7983. 9884. Chev. 1862. 3959.

Saillir: Charr. 2059, Et si fil et ses filles saillent
Por lui servir.

Mener: Perc. 5367, Lui méismes moult volentiers
En menroit-il por séjorner...

Die soeben genannten Verben lassen bei Chrestien somit drei Constructionen zu: den Infinitiv ohne Präposition (p. 23 f.), denjenigen mit à (p. 51) und denjenigen mit por.

Folgende drei Verben haben bei unserm Dichter (p. 23) den reinen Infinitiv. Hier Belege für por mit folgendem Infinitiv:

Aler: Erec 1123, alons tost, senschax,
por ueoir se ce est li uassax.

Chev. 4951, Qu'ele est alee an ce mostier
　　Por messe oir et deu proier.
Perc. 435, Li rois Artus i vot aler
　　Por le castiel fondre et gaster.
eb. 497, Et sovent aloient...
　　Por los et por pris conquester.
eb. 1655, Alèrent à ·II· cours roiaus,
　　Por avoir armes et cevaus.
eb. 1786, Por oïr messes et matines et por cel signour aourer,
　　Vous lo-jou au mostier aler.
eb. 1867, Alées èrent ses pucièles
　　Por quellir floretes noveles.
eb. 8360, Talent ot qu'encontre lui aut
　　Mesire Gauwains, por savoir...

Soi en aler: Charr. 6037, Si s'an ala molt tost et droit
　　Cele part don venuz estoit,
　　Por aquiter son sairemant.
Perc. 1114, Li chevalier s'en sont alé A lor osteus por aaisier.
eb. 4571, S'en soient li varlet alet...
　　Por cers et bisses regarder.
Chev. 525, Parmi le voir (ce sachiez bien!)
　　M'an vois por ma honte covrir.

Corre: Chev. 3159, Et cort por le pas desconbrer.
eb. 5634, Por lui eidier cele part cort.
Charr. 1439, Et si cort... Por lui retenir et secorre.
Erec 1288, corrurent uallet plus de uint por lui desarmer à esploit.
eb. 4989, et cort por aidier son seignor.
eb. 6772, des autres barons i corrut tant por les deus dames conduire.

Envoier: Erec 2444, nul leu auoit tornoiement,
　　nes i enuoiast richement
　　por tornoier et por ioster.
Charr. 2034, Avant en anvoie son fil Li vavassors tot maintenant,
　　Por feire l'ostel avenant Et por la cuisine haster.
Perc. 9673, Qui en tière envoia son fil
　　Pour essaucier crestienté.
eb. 3590, Vint chevalier, por cembeler,
　　En envoies devant la porte.
eb. 609, Ains envoie par ceste terre
　　Por chevaliers cierkier et querre.

Die beiden folgenden Verben habe ich p. 51 mit à und folgendem Infinitiv belegt; hier mit por:

Movoir: Perc. 5518, Ains movrai jà por l'aler querre.

Améner: Perc. 10218, S'amenoie homes ·III· u ·IV· Por esgarder nostre bataille.

Erec 1187, dame, le nain uos amain ci en prison, en uostre merci, por faire tot quanque uos plait.

Die übrigen Verben der Bewegung haben bei Chrestien den Infinitiv nur mit der Präposition por nach sich:

Aporter: Chev. 1068, Et si cuit, qu'il aporteront
Par ci le cors, por metre an terre.

Aüner: Erec 2361, toute la genz est aunee por ueoir lor nouel seignor.

Avaler: Charr. 3818, Et li rois por lui chastier
Est jus de la tor avalez.

Avancier: Erec 6377, à tant uns messages acort, que il orent fait avancier por sa uenue au roi nuncier.

Brocher: Charr. 5946, D'anbedeus parz poingnent et brochent, Li uns por l'autre desconbrer, Et li autres por l'encontrer.

Enmener: Perc. 3532, Et jusqu'en sa cambre l'enmainne Por reposer et aaisier.

Dieses Verb findet sich meistens getrennt: en... mener, cfr. p. 23:

Chev. 4008, Charr. 2188

und p. 57:

Perc. 5367.

Entrer: Perc. 10540, S'i fist tous les varlés entrer Por bagnier et por estuver.

Charr. 1842, Li chevaliers qui el mostier
Entra à pié por Deu proier.

Chev. 47, Por ce, que onques mes nel virent
A si grant feste an chanbre antrer
Por dormir ne por reposer.

Soi esmovoir: Erec 6410, quant bien et bel atorné furent, por aler à la cort s'esmurent.

Issir: Charr. 1368,.. Et que fors de son chemin isse
Por eschiver aucun péril.

Erec 4090, et neporquant ie n'istrai fors de mon chemin por ostel prendre.

Perc. 3361, .. Savoir se il en issoit fors
Por combatre à hui cors à cors.

Soi en issir: Perc. 3618, Qui devant trestous s'en isci Por assambler as chevaliers.

Monter: Perc. 9361, Et porés, s'il vos plest, monter En cele tour por esgarder Foriés...
   Erec 1512, por esgarder s'il les uerroient, as fenestres monté estoient li moillor baron.

Passer: Perc. 6289, Et par illuec li covenoit
   Passer por retorner arrière.

Poindre: Charr. 5946, (cfr. brocher).

Soi en retorner: Charr. 5916, Lors s'an retorne à la fenestre Por les chevaliers esgarder.

Soi en revenir: Perc. 7123. Si nos sivés hastivement, Que je m'en vorrai revenir, Por lui compagnie tenir.

Einmal habe ich bei Chrestien den Infinitiv mit por als prädicative Bestimmung nach dem Hülfsverbum estre gefunden:
   Perc. 6286, Li huis fu por tos jors durer.

b) nach Substantiven in der Geltung eines lateinischen Gerundiums mit ad:
   Charr. 5061, tint Une corgiée por chacier
      Son chacéor et mancier.
   eb. 5636, li rois, por son cors atorner, à son leuer li enuoia armes.
   Chev. 5563, Et an li vet maintenant querre
      Ses armes por armer son cors.
   Perc. 9733, si li rent Ses armes por armer son cors.
   eb. 3716, Et bues et porcs avons assés Por tuer.
   eb. 3237, .. qu'il enpresist la batalle. .
      Por sa tière et por li desfendre.
   Chev. 3607, Qui osasseut, por moi desfandre,
      Bataille a trois homes enprandre.
   Perc. 5773, se la langue ne vos faut Por dire:
   Charr. 6125, Là comanda la pierre à traire
      Et le merrein por la tor faire.
   Erec 3916, qui grant mestier eust d'entrait por ses plaies mediciner.
      cfr. Chev. 6488 (p. 53).
   Perc. 8310, Mais une guimple déliee,
      Por bendiaus faire, i covenroit.
   eb. 5390, Sire, fait-il, prisoniers sui
      Por faire quanque vos vorrois.

c) nach Adjectiven und Participien, ebenfalls in dem Sinne eines lateinischen Gerundiums mit ad:
   Net: Perc. 8248, Que tu n'as mie les mains netes Por ballier cose que je veste.

Fort: ⎫
Legier: ⎬ Chev. 5517, Escuz reonz sor lor chies tindrent, Forz et legiers por escremir.

Gros: Perc. 6487, Et Mélians de Lis demande
Grosses lances por mius férir.

Boin: Perc. 8274, Une erbe voit en une haie,
Trop boine por dolor tolir De plaie.

Fuellu: Perc. 7898, Et vit ·I· kaisne haut et grant,
Trop bien fuellu por ombre rendre.

Atornet: Perc. 9002, son diestrier Tout atornet por cevaucier.
eb. 10513, Dont li uns fu teus atornés
Por cevaucier et por errer.

Pris: Perc. 3442, Et si me rendrai à lui pris Por faire quauque bon li ert.

Fait mit der Bedeutung „geeignet":
Perc. 6011, Et s'ot les rains et les espaules
Trop bien faites por metre baules:
S'ot bas le dos et hances tortes,
Qui vont ausi com ·II· rootes,
Bien sont faites por mener dance.
Erec 433, ce fu cele por nerité qui fu faite por esgarder.

In dem letzten Beispiele hat also estre fait mit por und folgendem Infinitiv die gleiche Verwendung gefunden wie das einfache faire à. Vergleiche die p. 51 citirten Stellen.

2) Der Infinitiv mit por steht als der Vertreter eines Causalsatzes:
Perc. 9813, Por aler, fait-il, jusques là,
Pucièle, ne lairai-jou jà
Que vostre volenté ne face.
Charr. 3867, Ta folie nè ton orguel
Ne cresrai pas por toi ocirre.
eb. 5078, Se le pris an poez avoir, S'avroiz conquise et rachetee L'enor a la desheritee Et creu vostre vaselage Por desresnier son heritage.

3) Der Infinitiv mit por dient in den folgenden Stellen aus Chrestien zur Verkürzung eines Concessivsatzes:
Erec 4628, ne puis morir por sohaidier (..trotzdem ich es wünsche).
Chev. 4531, Qu'arrieres ne l'en puet chacier
Por ferir ne por menacier
Mes sire Yvains en nule guise.

D. Der Infinitiv mit En.

Die Präposition en vor dem Infinitiv, welche sich im Neufranzösischen nicht mehr in dieser Verwendung findet, ist im Altfranzösischen sehr gebräuchlich und steht da fast gleichwerthig mit der Präposition à.

1) Der Infinitiv mit en nach Verben:

Entendre: Erec 2205, Erec ne uoloit pas entendre à cheuax ne cheualiers prendre, mais en ioster et en bien faire.

Soi refaire: Erec 1480, En li regarder se refait.

Dieses Verb mit de und folgendem Infinitiv wurde aus Chrestien oben p. 40 belegt.

Einige Verben, deren Begriff das Verweilen bei einem Gegenstande in sich enthält (cfr. oben p. 50):

Demorer: } Charr. 2831, Or est li chevaliers si pris
Arester: } Qu'el panser demore et areste...

Soi arester: Erec 5330, Erec en l'esgarder s'areste

Atendre: Chev. 1664, An ce pansera atendu
Jusque tant, que ele revint.

2) Der Infinitiv mit en nach Substantiven (cfr. die Beispiele mit à p. 52):

Charr. 1204, Et cil a molt grant poinne mise
An deschaucier et desnuer.
Erec 5173, en lui garir mistrent tel poinne...
eb. 6708, et la seconde (sc. fee) mist sa painne en arimatique portraire.
Chev. 226, En li esgarder mis m'antente.
eb. 5368,... Qu'an li servir meist s'antente
Li deus d'amors.
Erec 2430, tot met son cuer et s'entendue en li acoler et baisier.
Charr. 5926, Qui an lui gaber ont usé
Pièce del'jor et de la nuit.
Chev. 2738,... traitor, qui metent lite En cuers anbler.
eb. 1774,... Qu'an lui hair n'a ele droit.

3) Der Infinitiv mit en drückt ein temporales Verhältniss aus und erscheint, wie der Infinitiv mit à in der gleichen Verwendung (cfr. oben p. 54), zumeist substantivirt:

Perc. 5585, En l'esgarder qu'il faisoit, Li ert avis, tant il plaisoit, Qu'il véist la coulor novele De la face s'amie bièle.

eb. 5831, En l'esgarder m'estoit avis Que la fresce color del vis M'amie la bièle véisse.

eb. 9195, En l'asséoir que il a fait, Les cordes jetent l· grant brait.

eb. 4923, eu son atendre L'ot dolerensement conplendre De sa perte et de sa mesaise.

eb. 3659, Et cil desus ont abatue Une porte sour ceus defors, K'esquatés les a tous et mors Ciaus k'ele ataint en son céoir.

Chev. 5656, Qu'an son venir si le navra Li lyeons... Que leidemant fu anpiriez.

eb. 2731, Si a tex. qui larrons les claiment. Qui en amer sont non veant.

Erec 5875, qu'en menacier n'a nul savoir.

E. Der Infinitiv mit Après.

Die Präposition après mit dem Infinitiv des Perfects, wie sie in der heutigen Sprache gewöhnlich verwandt wird, findet sich im Altfranzösischen nicht. Ich führe Beispiele aus Chrestien an für après mit folgendem substantivirten Infinitiv:

Perc. 552, après mangier, eb. 3115. 9625. Charr. 34. 2073. 5237. Chev. 8. 254. 588. 2181.

Erec 279, après soper. eb. 4247. Chev. 4888.

Dieser Gebrauch von après findet sich noch in der neufranzösischen Zeit.

F. Der Infinitiv mit Par.

Die Präposition par wurde in der alten Zeit mit folgendem Infinitiv in weiterem Umfange gebraucht als im Neufranzösischen, wo sich dieselbe nur noch nach den Verben des Anfangens und Endigens findet. cfr. Mätzner, Gram. p. 427. Synt. I. § 229. Ich gebe zwei Stellen aus Chrestien:

Chev. 2515 (Anm.), Biens adoucist par delaier.
Erec 4747, et li cuens ades l'engressoit par proiere et par menacier de pais faire et de solacier.

Wulff p. 63 führt folgendes Beispiel an aus:
Livres des Rois 112, cument purrad il a sun seignur plasir mielz que par noz testes trencher?

G. Der Infinitiv mit Sans.

Der Infinitiv mit sans bei Chrestien entspricht in seiner Anwendung dem heutigen Gebrauche.

Wort-Register.

Acoler Subst. 5.
acoucier Subst. 5,
acoragier mit de 36.
acroire, faire 20.
adroit mit de 34.
afaiter, soi- mit por 56.
aferir unpers. mit à 43.
afficier, soi-. mit por 57.
aider mit à 50.
aie mit de 31.
aimer mieux, der erste Inf. mit à, der zweite ohne Präp. 44.
ajourner Subst. 6.
aler ohne Präp. 23, mit por 57, soi en mit por 58, Subst. 6.
amander Subst. 6.
amener mit à 51, mit por 59.
angoisser, soi- mit de 39.
anoier unpers. mit à 43.
anuitier Subst. 6.
apareillier mit à 47, soi mit de 39, Subst. 6; apareillié mit de 34, mit à 54.
aporter mit à 46, mit por 59, Subst. 6.
aprendre mit à 47, avoir apris ohne Präp. 47.
aprester, soi- mit de 38, soi- mit por 56; apresté mit de 34.
ardoir Subst. 6.
arester mit en 62, soi- mit en 62.
arguer, soi- mit de 39.
asanbler Subst. 6.

asséoir Subst. 6.
atendre mit en 62, Subst. 6.
atorner, soi- mit de 38, soi- mit por 56; atornet mit por 61, Subst. 6.
auner mit por 59.
avaler mit por 59, Subst. 6.
avancier mit por 59.
aver mit de 35.
aventure mit de 31.
avoir mit à 46, mit que als relatives Neutr. und folg. reinen Inf. 24, n'i a que de mit subst. Inf. 25, Subst. 6.

Baer mit à 49
baillie mit de 31.
baisier Subst. 6.
beax mit à 54.
besoigner unpers. ohne Präp. 15, mit à 43.
boin mit por 61.
boire Subst. 6.
brocher mit por 59.

Celer Subst. 6.
cesser mit de 41.
cevauchier Subst. 6.
chaloir unpers. mit de 30.
chastier mit de 35.
cheoir Subst. 6.
combatre Subst. 6.
commander ohne Präp. 21, mit à 45.
commencer ohne Präp. 48, mit à 47.

5

congié mit de 31.
conjoïr Subst. 6.
conjurer mit de 36.
conseil mit de 31.
conseiller mit de 36.
consirrer Subst. 6.
convenir unpers. ohne Präp. 15,
    mit à 42, mit sächl. Subj und à
    mit folg Inf. 49.
convoier Subst. 6.
coard mit de 35.
corage mit de 31.
corre ohne Präp. 23, mit por 58
couchier Subst. 7.
covoiter ohne Präp. 19, mit à 45.
covoitie mit de 31.
creindre ohne Präp. 19, mit de 37.
crier Subst. 7.
croire, faire- 20.
cuidier ohne Präp. 23, Subst. 7.
cure mit de 31.
cusançon mit de 31.

Dangier mit de 31.
deigner ohne Präp. 18.
delaier, soi- mit de 40, Subst. 7.
deliter unpers. mit à 43.
demander Subst. 7.
demore, faire- mit à 52.
demorer mit à 50, mit en 62, soi-
    mit de 41, Subst. 7.
départir Subst. 7.
déporter, soi- mit à 50.
desarmer Subst. 7.
desbochier Subst. 7.
descendre Subst. 7.
descovrir Subst. 7.
descrire Subst. 7.
desfendre Subst. 7.
desirer ohne Präp. 19, mit à 45,
    Subst. 7 und 32.
desrainier Subst 7.
dessevrer Subst. 7.
destendre Subst. 7.

destiner, soi- mit à 49.
desvestir Subst. 7.
devoir ohne Präp. 17.
dire ohne Präp. 23, Subst. 7.
donner ohne Präp. 22, mit à 46.
doter ohne Präp. 19, mit à 45, mit
    de und folg. Subst. 37.
dous mit à 54.
droit, avoir- mit de 32, mit en 62.

Eincois que mit folg. reinen Inf. 18 f.
einz que mit folg. reinen Inf. 18 f.
eise mit de 32.
emporter ohne Präp. 24.
encommencer mit à 48.
encoragié mit de 34.
endurer mit à 46.
engrès mit de 34.
engresser mit de 36, soi- mit de 39.
enmener mit por 59.
enorter mit de 36.
enprandre mit à 47.
enquerre ohne Präp. 18, Subst. 7.
enseigner mit à 47.
ensiérir Subst. 7.
entalenté mit de 34.
entendre mit à 48, mit en 62.
entente, metre- mit à 52, mit en —
entremetre, soi- mit de 38.
entrer mit por 59, Subst. 7.
envie mit de 32.
envoier ohne Präp. 23, mit por 58.
errer Subst. 7.
eschaper Subst. 7.
eschevir Subst. 7.
escondire mit de 30, soi- mit de 38,
    Subst. 7.
esforcer, soi- mit de 39.
esgarder mit à 46, Subst. 7.
esjoir, soi- mit de 37.
esmovoir, soi- mit por 59.
espans mit de 32.
esperance mit de 32.
esploiter mit de 40, soi mit de 40.

essai mit de 32.
essarter Subst. 8.
essiller, soi- mit à 49.
establir mit à 47.
estancher mit de 30.
estovoir unpers. ohne Präp. 15, mit à 43, Subst. 8.
estrangler, soi- mit de 40.
estre, nach — mit Subst. folgt der Inf. als log. Subj. mit de 28, mit à 42; nach — mit Adj. der Inf. als log. Subj. mit à 42; nach — mit Adv. der Inf. als log. Subj. mit de 29; nach — der Inf. als präd. Best. mit à 51, mit por 60, Subst. 8.
esvertuer, soi- mit de 39.
ez-vos ohne Präp. 22.

Faillir mit de 40.
faindre, soi- mit de 40.
faire ohne Präp. 20, — croire 20, — a croire 20, — acroire 20, — savoir 20, — mit präd. Subst. und folg. reinen Inf. als log. Subj. 29, nach — der Inf. mit à als präd. Best. 51, — demore mit à 52, il fait mit Adj. und reinem Inf. 16; fait mit por 61, Subst. 8.
ferir Subst. 8.
fiance mit de 32.
fiancer mit à 46.
fier, soi- mit de 37.
finer mit de 30.
force, metre- mit à 52.
fort mit à 54, mit por 61.
fraindre, soi- mit de 41.
fuellu mit por 61.

Ganchir Subst. 8.
garde mit de 32.
garder mit de 36, soi- mit de 37.
garir Subst. 8.

garnir, soi- mit de 38.
grant mit de 32.
greveus mit à 54.
grief mit à 54.
gros mit por 61.
gueiter, soi- mit de 38.

Haster mit de 36, soi- mit de 39.

Isnel mit de 34.
issir mit por 59, soi en- mit por 59, Subst. 8.

Joious mit de 34.
joïr mit de 37.
joster Subst. 8.
juger mit à 49.
jurer mit à 46, Subst. 8.
jusque verbunden mit dem Inf. mit à 56.

Laissier ohne Präp. 21, mit à 48, Subst. 8.
lanier mit de 35.
large mit de 35.
lasser, soi- mit de 40.
legier mit à 54, mit por 61.
lent mit de 35.
leu mit de 32.
lever Subst. 8.
lie mit de 34.
lite, metre- mit en 62.
loer ohne Präp. 21, mit à 45.
loisir unpers. ohne Präp. 15, mit sächl. Subj. und à mit folg. Inf. 49, Subst. 8.
luitier Subst. 8.

Main, metre- mit à 52.
mangier Subst. 8.
manoir Subst. 8
meller, soi- mit de 38.
menacer mit à 46.

mener ohne Präp. 23, mit à 51, mit por 57.
mesaise mit de 32.
mestier mit de 32.
mestre mit de 32.
metre mit à 50, — paine, san, entente, main, pièce mit à 52, — paine entente, entendue, lite mit en 62, Subst. 8.
monter mit por 60, Subst. 8.
mostrer Subst. 9.
movoir mit à 51, mit por 58, Subst. 9.

Neant mit de 32.
net mit por 60.
noier Subst. 9.
nombrer Subst. 9.
novelier Subst. 9.

Ocoison mit de 32.
offrir mit à 46.
oindre Subst. 9.
oir ohne Präp. 22, Subst. 9.
or mit de oder à und folg. Inf. statt des posit. Imp. 26.
oser ohne Präp. 17.
otroier ohne Präp. 22, mit à 45 und 46, Subst. 9.

Paine, estre en- mit de 32, metre- mit à 52, mit en 62.
painer mit de 39, mit à 49, soi- mit de 39.
pandre Subst. 9.
paor mit de 33.
pareil mit de 34.
parfaire mit de 30.
parler mit de 37, Subst. 9.
partir Subst. 9.
passer mit por 60, Subst. 9.
penser ohne Präp. 23, mit de 37, mit à 49, mit por 56, Subst. 9.

pièce, metre- mit à 52, user- mit en 62.
plaisir unpers. ohne Präp. 16, mit à 43, mit pers. od. sächl. Subj. und à mit folg. Inf 49, Subst. 9.
pleidier mit de 37.
plet mit de 33.
poindre mit por 60, Subst. 9.
pooir Verb ohne Präp. 17, Subst. 10 und 33.
porter mit à 51.
prendre mit à 48, unpers. mit à 44; pris mit por 61, Subst. 10.
prest mit de 34.
prier mit de 35.
prometre mit à 46.
puissance mit de 33.

Querre ohne Präp. 18, mit à 47, mit por 57, Subst. 10.

Raançon mit de 33.
raison mit de 33.
raprester, soi- mit de 38.
rasanbler Subst. 10.
recevoir Subst. 10.
reconoistre Subst. 10.
reconter Subst. 10.
recorder Subst. 10.
recovrier Subst. 10.
recroire mit de 41, soi- mit de 41; recreuz mit de 34.
redoter mit à 45.
refaire, soi- mit de 40, mit en relever Subst. 10.
remanoir mit à u. Inf. als p. Best, 52, Subst. 10.
rendre Subst. 10.
renkéoir Subst. 10
repairier Subst. 10.
repentir Subst 10.
reposer mit à 50, mit de 41, mit de 41.
requerre mit à 47.